会社を売る力

［決定版］業界再編M&A最前線

株式会社日本M&Aセンター
渡部恒郎／山本夢人／竹葉 聖
沖田大紀／前川拓哉／渡邉智博
藤川祐喜／中崎裕貴

CrossMedia
Publishing

はじめに

「会社を売る」という行為には、経営者のすべてが詰まっているように思う。

「売れる会社」を作り上げることは、そう簡単なことではないからだ。

リスクを取って起業し、経営を続けるだけでも、幾多の困難をくぐり抜けなければならない。社員を雇用するということは、すなわち社員の人生と社員の家族の人生を背負うことでもあり、経営者の両肩には大きな責任がのしかかる。自分自身や自分の家族のことを後回しにしてきた方も多いはずだ。


売れる会社というのは、わが国の中小企業400万社のうちたった4000社程度。およそ0・1%の選ばれた会社だ。売却できるような会社を作り上げるということは、上場させることと同じ程度に価値があるような大きな成功といっても過言ではないだろう。

経営者であれば、そのような成功した先人たちがどのように、何を考えて経営してきたのか、M&Aを通じて何を実現したのか、その手腕に興味があるのではないだろうか。

日本のM&A件数は、海外の件数に比べると著しく少ない。世界のトップ企業であるGAFAM（グーグル・アマゾン・フェイスブック・アップル・マイクロソフト）は30年間で800社のM&Aを実施している（なお、2020年にはこの5社だけで東証に上場する全企業の時価総額を追い越した）。日本でも、企業数やGDPから考えると、M&A件数はこれからまだ2～3倍近く増える余地があるものの、残念ながら国内ではいまだに、M&Aは「リスクが大きく失敗しやすいもの」「『身売り』のようにあまりよいイメージがないもの」とされることがある。

しかし、実態はまったく異なる。M&Aは現在、企業の成長のための有力な手段として活用されている。たとえば実力のある企業が集まって、革新のスピードを上げるため、あるいは不毛な国内の競争を止めて共に成長し海外に進出を図るために、M&Aを選択している。M&Aは経営戦略の「常勝パターン」として今や必須のものとなっているのだ。

それらM&Aをめぐる最先端の動きや考え方を、私たちが日々携わっている現場の実例や実際のM&A経験者の声なども交えてまとめたのが本書である。

具体的には、会社の未来を切り拓いていく経営者に向け、「会社を売る」ことの本質と、今後の経営方針や事業承継を検討するにあたって参考にしていただきたい、日本M&Aセンターの業種専門のM&Aプレイヤーたちによる業界動向を記している。

まず、先入観なしに「経営者にとってのM＆A」がどんなものかを知っていただくために、第1章には大分県の優良企業・永富調剤薬局のM＆Aに迫ったドキュメントを配した。経営理念の実現、会社の成長、取引先、社員、そして後継者。さまざまな要素に思い悩みつつも、大きな決断を下した経営者のリアルな心情を感じられるだろう。

第2章ではそれを受けて、会社をどうやって引き継ぐか、その中でM＆Aがどんな役割を果たせるかを、国内だけでなく「グローバルで戦うには」というレベルまで含めて考える。

第3章は、IT・物流・製造・食品・調剤薬局・建設という6つの業界について、その機微を知り尽くした当社のエキスパートたちが、業界の今後や再編のトレンドなど、事例を交えつつ詳細に解説する。

最後の第4章では、私たちが数多くのM＆A事例から導き出した「業界再編の5つの法則」など、M＆Aを考える上で役立つ視点を紹介しつつ、企業価値を高めて業界再編の波に乗るために何が必要かを示している。

IT業界では、1980年代から90年代に創業したシステム開発会社は中小企業が多く、連携が必要だ。新しく生まれた企業もサービスの変化が激しく、トップを取る資金量や業態を変化し続けられる組織力が必要になる。技術革新や流行り廃りが早いにもかかわらず、1つのサービスで大きな利益を挙げることもあり、企業がビジネスのフェーズを引き上げられないことが多い。日本でもGAFAMのような立ち位置のトップ企業と手を組むことで負けない会社になることができる。

物流業界は、規制緩和によって1990年代に設立された数多くの会社で、現在は後継者不在の問題が顕在化し、2兆5000億円を超える市場が宙に浮く可能性があると推定されるが、業界構造が大きく変化しうる状況はチャンスともいえる。質のいいドライバーを確保し、運賃交渉力を高め、燃料費などの経費を削減するためにも、合従連衡は欠かせない。

製造業は、中堅・中小企業は下請け構造を打破し、強いアウトソーシング企業を作っていかなければならない。上場企業の7割が海外進出しているのに対し、社員が100人以下の製造業の企業の海外進出は10%に満たない。売上に占める海外市場の割合も、大手メーカーではすでに7割を超えている企業も多くある。中堅・中小の製造業1社で海外に進出するのは難しいが、グループ化していけば、あるいは大手とタッグを組めば、品質の高い製造業の海外展開を進めることができる。

食品業界は、国内それぞれの地域に土地に根差した食文化があることから、各地に優良企業が点在している。味を追求してきた各地域の優良企業が手を組み、マーケティングや間接部門などを共通化することによって強い企業に生まれ変わることができる。また外食企業は、経営者が自分の目で管理でき、収益の出る20店舗程度にとどまることが多く、「30店舗の崖」を越えることが難しい。大手と組むことで、本部機能を手に入れて一気にジャンプアップすることができる。

調剤薬局は上位10社のシェアがまだ10％程度しかなく、個人店の域を脱していない。病院には経営の観点が抜け落ちていて、間接部門の共通化やＩＴ化を進めることでサービスレベルの向上を実現することができる。

建設業界については、電気工事や空調工事、管工事といった各社それぞれの分野だけでなく、一貫して工事が行えるようにすることで、ゼネコンの下請け構造から脱却していくことができる。ハウスビルダーは地域の工務店として中小規模の企業が多いが、連携することによって巨大企業を作り上げれば、仕入れ値が大きく下がるし、ブランド力をつけることによって、何より消費者の人生で一番の買い物と言われる家を買う際の安心感を手に入れることができる。

中堅・中小企業の経営者には、第1章の永冨茂社長の言葉――「会社を売る必要はないと思っていた」が意味するところを知っていただきたい。

同社のような優良企業は、経営者個人のことだけ、あるいは経営者の家族のことだけを考えるのであれば、会社を売る必要性はまったくない。そのような〝超優良企業〟を譲渡する決断をした永冨社長は、経営者人生を最後まで走り抜けていく〝真の成功者〟だといえる。

この十数年の間で日本は大きく変わった。

時価総額トップ30の顔触れは、海外では常に目まぐるしく変化しているにもかかわらず、国内では銀行・証券系や電力・通信・電鉄などのインフラ系に、元国営企業や総合商社が加わるといった程度で、ほとんど変化がなかったのだが、ここにきてランキングが初めて大きく変わったのだ。構造が変化している今、多くは企業がチャンスを手にしている。

海外展開に成功したキーエンスやファーストリテイリング、ゲームや音楽・映画などのエンタメで復活を遂げたソニー、日本が苦手としてきた海外買収に成功したリクルート、大型の投資で世界を驚かすソフトバンク、インターネットの力を追求しているZホールディングスや医療業界に変革をもたらすエムスリーなどが5兆円以上の時価総額をつけてランクインしている。

これらのほかにも、次のようなよい兆しが見え始めている。

・アメリカに比べるとまだまだなものの、スタートアップには以前と比べると資金が大きく流入するようになった。それに伴い、優秀な20代の経営者は急増している
・早くから成功体験を持った40代の経営者は世界を見据えた戦いを始めている

・M&A も2000年以前は、大企業が「お買い物」といった感じで行い、海外のM&Aを中心に戦略性に乏しいものが散見されたが、投資銀行出身者が事業会社のM&A担当役員となることで海外企業との交渉能力が格段に上がったりするなど、変化が見られる

しかし、まだ課題も多い。

・似たような商品を作り、国内において価格競争に陥ってしまう
・技術力や性能は高いが、デザインやマーケティング力に劣る
・ガラパゴス化し商圏が国内でとどまることが多く、英語圏から外れており、市場が10分の1となってしまっている

これは国内の既得権益の構造や企業の統治方法の問題によるところが大きく、チャレンジすることよりも、そのまま守ることや改善すること、画一的な管理が良しとされてきた日本の企業文化によるところが大きい。

また、企業の問題だけではなく、根本的には教育制度の問題も大きいと考える。今、ビジネスでは次のような要素こそが求められている。

・才能や異端を認め、数字に基づく冷静な分析ができるようにすること
・処理能力だけでなくアートやプレゼンテーションなどの表現センスを磨くこと
・語学力を高め、多様性への本質的な理解を深めること

リーマンショック、東日本大震災、新型コロナウイルスの流行など、厳しい経営環境を乗り越え、企業は大きく成長してきた。日本企業には、個々の企業の技術や経営の力を活かし協調することで飛躍的成長を遂げる可能性があり、「経営者は日本の現状を打破する力を持っている」と長年経営者と接してきた経験から確信している。

本書が、この国に「よいM&A」が増え、日本が発展することの一助になれるのであれば、私たちにとって無上の喜びだ。

株式会社日本M&Aセンター　執筆者一同

『会社を売る力』　目次

第1章 会社を売った日
――永富調剤薬局・永富茂社長の未来に向けた英断

第2章 会社を売るということ

第3章 これからこの業界はこう動く
——業界再編の最新トレンド

第4章
やがて訪れる大変革期に備えよ
——業界再編の5つの法則

校正／小倉レイコ

第1章

会社を売った日
——永冨調剤薬局・永冨茂社長の未来に向けた英断

売上高38億円、業績好調の中、後継者である息子もいた超優良企業の経営者が、M&Aで会社の譲渡を選んだ理由とは？

「会社を売る必要は、どこにもないと思っていた」

大分県で調剤薬局23店舗を展開する永富調剤薬局。創業者であり社長を務める永富茂は、自身の考えについて、このように振り返る。２０１８年までは、自社の将来について、はっきりとした不安は持っていなかった。

永富は60代後半ながら、年齢を感じさせない姿勢のよさが印象的な人物で、その佇まいからは、一本筋の通った経営ぶりが窺える。落ち着いた笑みを浮かべ、眼鏡の奥の瞳はどこまでも優しい。

自分自身、M&Aの契約を交わすわずか10カ月ほど前まで、会社を売るという選択肢はまったく考慮していなかった。「おかげさまで経営も順調でしたし、いずれ息子がこのまま跡を継ぐんだと考えていました」とほほ笑む。

創業時からの想い

２０１８年末、永富は、自身と家族が保有するすべての株式を東証一部上場企業のメディカルシステムネットワークに約32億円で売却し、M&Aが成立した。そして、売却して3年後の2021年時点において、変わらずに永冨調剤薬局の社長として手腕をふるっている。

後述するが、M&Aの買い手候補の中には、さらに10億円を上乗せした金額を提示した企業もあった。しかし、永冨はそのオファーを断ってメディカルシステムネットワークを選んだ。このM&Aは、「高値で売り抜けること」「リタイアすること」が目的ではなく、もちろん経営難に陥っていたわけでもない。そこには、自身の創業時からの想いが大きく影響していたのだ。

永冨は1952年、大分市に7人兄弟の末子として生まれた。父は病院勤務の医師であり、7人の子供たちは父が医療に従事する姿を見て育ち、兄弟の多くが医療の道へと進んだ。彼は「患者を医薬品で支えたい」という志を持ち、福岡大学薬学部へ進学する。

卒業後、薬剤師として製薬会社に3年間勤務し、次いで大分赤十字病院に3年間勤め、30歳という若さで1982年に永冨調剤薬局を設立し、3人の薬剤師でスタートした。当時、年の離れた兄たちが、地元で永冨記念病院、永冨脳神経外科病院をすでに経営していた。「永冨」といえば、地元では誰もが知る病院。その名前に傷をつけてはいけない。そうした環境の中で、薬を必要とする人を支えていきたい──そんな想いでこれまでやってきた。

薬局の設立にあたっては、兄弟の医療機関からの処方箋を受ける、いわゆる「門前薬局」を選ばなかった。あくまで地域密着型の薬局を目指したが、それゆえに、経営基盤としてはゼロからの船出である。設立した矢先、大手ドラッグストアチェーンが日本全国に展開を始める。しかし、永冨調剤薬局は、安売りがメインのそれらチェーン薬局とは一線を画し、厚生労働省が進める「医薬分業」を推進、〝かかりつけ薬局〟として、地域密着型の医療サービスを提供してきた。

「実は、困っている患者様は、健康な人が考えるよりずっと多いんです。うちは県の取り組みである『健康寿命日本一おおいた』に協力し、薬剤師や医療事務の人間と『ちょっとそこまで歩こう会』を主催して、地域の高齢者とコミュニケーションを取り、健康状態を把握しています。乳幼児を育てるお母さん方には、お薬の飲ませ方の小冊子をお配りし、管理栄養士が食事指導や栄養指導をするなど、薬局としてできることを最大限に行ってきました」

永冨は、自らの歩みの集大成である、現在の永冨調剤薬局の取り組みについて、誇らしげに話してくれた。その傍らに座り、穏やかな表情を浮かべるのは、息子である永冨将寛常務（当時）だ。父譲りの謙虚さと、物事を冷静に見極める知性を感じさせる彼もまた薬剤師の道を選び、常務取締役として、長きにわたり父をサポートしてきた。最も近くで会社を見てきた存在として、将寛が語る。

「父からは『薬剤師は患者様の相談相手になりなさい』と教えられてきました。これは私だけではなく、理念として社員に浸透しており、全員が同じ想いです」

社員は社長の考えをよく理解しながら働き、跡継ぎとなる息子も経験を重ねている。売却前の２０１８年の決算では、売上高38億円、十分な役員報酬を支払った上で、経常利益も数億円という好業績だった。さらには無借金経営を貫いており、数億円の現預金もある超優良企業である。大分県の就職人気ランキングでは、銀行や信用金庫、大手自動車販売会社と肩を並べ、5本の指に入るほどの知名度を誇る。いずれ2代目に事業承継する未来が見えていたある日のこと、永冨は将寛に話を切り出した。

「会社で2人きりになった時に、父が突然、意を決した表情で、『今度、ある人と会うことになった。ちょっと話を聞いてこようと思う』と言い出しました。その相手は、日本M&Aセンターの役員だと言うんです」

M＆Aだって？　そんなもの、うちには必要ないじゃないか、という思いが頭をよぎったものの、まぁ話を聞くだけだろう、と将寛は社長を見送った。

見えざる業界再編の波、30年後を見据えて

2018年の7月、永富は日本M＆Aセンターの取締役である渡部恒郎と対面する。発端は、ふとしたきっかけで、ある本に目を通したことだった。

「渡部さんが書いた『業界メガ再編で変わる　10年後の日本』（東洋経済新報社）という本を読みました。そこには、銀行、商社、コンビニエンスストア、IT企業などの業種に関係なく、どのような業界でも大手4社に集約されるとあったんです」

深夜、静まり返った自宅の書斎でページをめくると、まるで夜の闇の向こうから、目に見えない業界再編の波が押し寄せてきているような錯覚に陥った。当時、調剤薬局業界は上位10社が全体の12～13％のシェアを握っていた。まだ寡占というにはほど遠い。しかし、どうにも気

になり、改めて大手薬局の動きを見ると、M&Aを強力に推し進めている現実がそこにはあったのだ。

「国の政策ひとつで診療報酬が改定され、それが経営に大きく影響してくるのが調剤薬局です。実際に報酬は引き下げが強化されつつある。超高齢化の到来で、社会保障費が削減されることも目に見えている。これは他人ごとではない、と焦りを感じました」

機微に聡《さと》い経営者であれば、日本経済の動き、業界や大手の動きについて、常に危機感を抱いている。渡部のメッセージにより、それが実体を持ったのだった。これまで、まったく頭にもなかった「M&A」という選択が湧き出てくる。その日以来、M&Aに関する書籍を何冊も読み、M&Aに対する懐疑的な印象が徐々に変化していった。

約束のその日は、梅雨の終わりにもかかわらず、朝から時折じりじりと太陽が照りつけ、気温は35度に迫ろうとしていた。東京から訪れた渡部に対して、暑さの中、足を運んでもらったことをねぎらいながらも、自分が疑問に思っていたことをすべてぶつけることにした。挨拶もそこそこに、「なぜM&Aでないといけないのか?」と尋ねる。

「永冨調剤薬局は、将来にわたって、おそらく10年後も、いや20年後も優良企業であることに変わりはないでしょう。しっかりと経営をされており、息子さんも経営者として育っている。企業として何の不安も感じません。しかし、よりよい医療を提供したいという永冨社長のお気持ちを聞くと、より経営環境の整ったレベルの高い企業と一緒になれば、その想いを実現できると考えます。企業価値が高いほど、その段階で正しくM&Aを行えば、将来にわたってより成長できるからです」

渡部はきっぱりと言い切った後、M&Aは、企業が代替わりした後も成長を遂げられる手段のひとつであると説明を続けた。10分、20分と話を聞くうちに、いつしか「M&Aも成長の有力な選択肢である」ということに納得する自分がいた。規模が一定以上にならなければデジタル化も遅れ、患者にとって質の高い医療を提供できなくなってしまうということが、現実的な手触りを伴って理解できたのだ。

また、渡部も大分県出身だということもあってか、県下において永冨調剤薬局が体現してきた「地域医療を支える役割」に共感した。

約束していた2時間は、あっという間に過ぎた。会合を通じて、2人は意気投合し、永冨は自身のM&Aに対する考えが、その日の夏空のように晴れ渡っていくのを感じた。

しかし、果たして跡取りである将寛はどのように言うだろうか。

後継者たる息子にM&Aについて問う

数日後、永冨は「仕事帰りにちょっと一杯やろう」と、行きつけの赤ちょうちんに将寛を誘った。特に何かルールを決めたわけでもないが、親子は月に1、2回ほど、どちらからともなく誘い、2人で酒を酌み交わす時間を作っていた。

よく訪れるのは、20年来の贔屓にしている焼鳥屋で、新鮮な〝おおいた冠地どり〟を出してくれる。梅雨明けが宣言されたばかりだというのに、夕方から雨がぽつぽつと降る中、メインの通りの小道を曲がったところにある、緑の看板がトレードマークの店へと向かう。いつもの店、いつもの席、経営者としてのルーティーンともいえる、変わらぬ習慣だ。この日も親子の好物である新鮮な地どりのたたきをつつきながら、杯を重ねた。

その夜は、薬局のデジタル化や、薬剤師の教育方針、義務化された年5日の有給休暇の取得制度の導入など、調剤薬局を取り巻く変化について、ざっくばらんに意見を交わした。2人は親子でありながらも、社長と常務として経営について深く語り合う。父親からの意見の押しつけではなく、お互いの意見を尊重するのも、普段の酒席と変わらない姿だ。

ひとしきり話を終え、2人は移動することにした。切り出しにくい話題を抱え、重い気持ちになりながらも、薄暗いバーの赤と黒で彩られた重厚な扉を開く。秘密の守られる寡黙なマスターがいる、いつもの場所だ。永冨茂はサイドカーを、将寛はジントニックを頼んだ。

そういえば、という感じで将寛が話を切り出す。

「渡部さんとの話、どうでしたか?」

「それなんだけどな、実は……M&Aについて考えてるんだが、どう思う?」

言いながら、鞄から渡部が書いた本を取り出し「時間のある時に読んでみてくれ」と将寛に差し出した。

面喰らったのは、将寛のほうだった。数日前まで「後学のために聞いてくる」という風だったのに、父親の気持ちはすでにM&Aに傾いているように見える。

永冨は、息子の様子を見て、彼の戸惑いを理解した。その上で、渡部と面談してからの数日間、誰にも話さず、胸の中を逡巡していた考えを初めて言葉にした。

「20年後、30年後まで、うちがいまのように地域医療を続けていくには、M&Aがいいと思うんだ。もちろん現在の経営体制を維持してくれる相手がいれば、だが」

永冨調剤薬局を創業しておよそ40年、このまま優良企業として営みを続けていくことは、経営上では何の問題もないだろう。しかし、「よりよい医療を提供する」という原点に立った時に、経営者としてどのような未来を作ることが大事なのだろうか？引退する前にやるべきことは何か？M&Aを選択肢として考える理由を、将寛へ率直に伝えた。

真摯な言葉でM&Aについて語る父は、単に外部に経営を譲り渡したいのではなく、将来にわたって地域に貢献し続け、永冨調剤薬局のサービスやブランドを成長させるための選択肢として検討している。そのことに、将寛はまずはほっとした。

思えば、幼い頃から地域のために奔走する父の背中を見て育ってきた。利己的な考えから身売りを選択することなどありえないのだ。目の前の父は、それを裏づけるように言葉を続ける。

「患者さんへのサービスはもちろん、将寛や幹部社員、薬局の薬剤師も条件を変えずに雇用継続することを条件に、受け入れてくれる相手がいるか、まずは先方に探してもらおうと思う」

ある意味で頑固でありながら、自分を見失うことなく、地域医療、そして社員のために大仕事に取り掛かろうとする父に、異を唱えるつもりは毛頭ない。そして将寛もまた、こう考えている。仮にM&Aによって、どこかの会社と共に経営するとして、そこで自身の実力が通用しないのであれば、単独でも自分が永冨調剤薬局を経営すべきではない、と。高い倫理観を持って事業を営んできた父の経営哲学を踏襲するように、会社にとって、社員にとって、ベストな選択は何かを考えた。

「はい、よくわかりました」と、父の背中を押すように将寛は言う。

「ありがとう。しっかり見定めて、決めようと思う」

永冨がそう答えると、2人はほっとしてカクテルを口に運んだ。

地域の医療機関として、将来にわたって責任を果たすために

話は数日前に戻る。永冨社長との面談を終え、20時過ぎに東京に戻った渡部は、その足で社に戻ると、永冨調剤薬局の経営状態を改めて確認した。売上高などの業績、キャッシュフロー、財務、自己資本比率、後継者など、あらゆる角度から精査したが、全国区で見ても最上位の部類に入る超優良企業であった。

永冨は、自社について「薬剤師一人ひとりが患者さんに寄り添い、サポートすることが、調剤薬局のあるべき姿」と語っていた。その言葉通り、真にプロフェッショナルな薬剤師を多数抱え、地域の患者と密に接して医療を支えるという、永冨調剤薬局の見えない価値への評価は非常に高い。

夜も更けてきて、人気のないオフィス。渡部はその日の昼間、永冨調剤薬局の応接室で、「失礼ですが……」と切り出したことを思い出す。率直に「M&Aを考え始めた理由」を尋ねると、永冨はさらりと答えた。

「息子、またその次の代と変わった時、業界や社会保障のシステムが変わるかもしれません。

それにより経営が危うくなった時に、『親が作った会社だから売るに売れない』『永冨の名を捨てられない』という状況に陥り、そのせいで家族が追い詰められるかもしれない。自分で始めた事業ですから、出口戦略としても責任を持ちたい」

そう語る目の前の人物に、渡部は経営者としての矜持を感じた。

ある程度の成功を収めれば、自由に経営したい、自由にお金を使いたい、あるいは出来るだけ高く売却して時間とお金を手に入れたい、と己の欲望を具現化しようとする経営者も中には存在する。これはそこまで会社を築き上げてきたからこそ手にできる権利であり、非難されるべきものでもない。

しかし、永冨は少し違った。短い会話の中でも、渡部は永冨の人柄とその想いに触れ、まだ検討段階でありながらも、並々ならぬ決意を持って譲受け企業の選定に取り掛かった。

「金太郎アメ」ならやらない。譲受け企業へ賭ける想い

日本M&Aセンターでは、譲渡企業、譲受け企業のいずれも経営状況などについて細部に至るまで慎重に精査する。永冨調剤薬局のM&Aにおいて、これらに加えて重視したのが、理念

や経営スタイル、企業の風土といったものだ。

永冨調剤薬局としての社名はもちろん、現場の薬剤師の意見に経営が耳を傾けるボトムアップの職場環境・労働環境や、薬剤師と患者との関係性を大切にしてきたという経営理念を買い手がどのように扱うのか。この哲学が一致する譲受け企業に巡り合うことが、このM&Aの成功を左右する。

2018年7月下旬、厳しい暑さが続く中、永冨は、仮にM&Aを行うとするなら、相手先をどのように選ぶべきなのか、思案を巡らせていた。大手はやはり親会社の言ったことにはすべて従わねばならないとすれば、どこを切っても金太郎アメのように画一的になってしまう可能性もある。「そんなM&Aであれば、これまで築いたものが消え去ってしまうのではないか」という懸念があった。息子の将寛とも約束したように、そのような企業であれば、いくら条件がよくてもM&Aを行うつもりはなかった。

また、買い手企業を検討する中で、個人的に大きなポイントであったのが、息子であり常務でもある将寛の存在だ。いかに自分の会社とはいっても、これまで経営に関わってきた息子に対しての責任もある。M&Aがなければ、すんなりと次期社長の座についたはずの息子は、M&Aをどのように考えているのか？　一度は後押ししてくれたものの、将寛がNOと言うなら、無理に推し進めるつもりはなかった。これまでもそうしてきたように、自宅で、会社で、あるいは酒の席で、2人になると、幾度も意見を求めた。

「そろそろM&Aをするかどうか決めようと思うんだが、どうだろうか？」

「やっぱりこれまで通り、自分たちで経営を続けるべきだろうか？」

初めてのM&Aであり、無理もないことだが、社長の不安の発露ともいえる言葉に対し、将寛は自分自身も渡部の著作をはじめ、M&Aについてのさまざまな情報を集め、2代目の立場から率直な意見を伝えた。自身はM&Aの成立後、当時を振り返って次のように語っている。

「私としてもわからないことは多かったのですが、父の会社だから任せきりというわけにはいかなかった。最終的に決断を行うのは父ですが、それでも、常務として、息子として、M&Aについて勉強して、その上で意見を伝えるように努めました」

その言葉通り、将寛は父の決断をサポートした。永冨は行きつ戻りつしながらも、およそ2カ月が経過した頃、はっきりと気持ちがM&Aに傾いていく。当時の決意を永冨はこう話す。

「永冨調剤薬局は、大分県で地域に必要とされ、貢献できています。5年後、10年後もそれは変わらないでしょう。しかし、現在よりよい会社になっていくことを考えるのであれば、間違いなく需要があるこのタイミングで売却すべきと、M&Aに踏み切りました。しかし、それには『経営理念を共感できる買い手企業』を探すことが何より大切であると感じていました」

「長期視点で見た時に、永冨調剤薬局にとってベストな選択肢を取るべき」という判断は、永冨と将寛の間でぴたりと一致し、いよいよM&Aに向かって本格的に始動することになる。将寛は社長の最終決断を次のように評価する。

「父は常に万一のことを考え、自己資本比率を高め、無借金経営に取り組んできました。従業員の雇用を守り、地域に貢献し続けるという使命感によるものです。永冨調剤薬局の名前、サービス、地域貢献の役割を守る、そのためのM&Aであるというところに、父の経営者としての信念を見た気がします」

8月、盛夏を迎え、いよいよ永冨調剤薬局のM&Aが本格始動しようとしていた。

最終候補に残った2社に50項目の要望書を送る

灼けるような日差しの日が続く中、永冨は渡部との複数回の面談を経て、提携仲介契約を締結する。これにより、永冨調剤薬局は譲渡企業として正式に日本M&Aセンターにて情報共有され、秘密保持契約のルールに則りながら、譲受け企業探しが行われることとなった。

9月も半ばを迎え、数十社の候補の中から、最終的に譲受け企業の候補は2社に絞られる。永冨は条件面やM&Aの実績、経営スタイルやマインドに重きを置いて判断していたが、残り2社になった段階で、どうにも決めかねていた。そんなある日、永冨から渡部に電話があった。

「実は相手方へ要望書を用意しました。これを先方にご提示いただき、返事をいただくことは可能ですか?」

「もちろんです」

二つ返事で答えた渡部だったが、メールに添付されたファイルを開けて驚かされる。そこには永冨自身の手により、50項目にも上る要望が書き連ねられていたからだ。

「永冨調剤薬局の経営体制を維持できますか？」
「永冨調剤薬局の名前を変えずに営業できますか？」

このような50の質問に、○か×で回答をもらうというのだ。なるほど、これであればお互いに齟齬がなく、共通認識のもとでM&Aを進めていける。しかし渡部からすれば、すべてに○をもらうことは難しいのでは……という懸念があった。過去に要望書を用意した例はいくつかあるが、やはりすべて了承というわけにはいかないのが常だった。

永冨自身もまた、全50項目がすべて合致することはないだろう、と考えてはいた。しかし、社長として特に譲れない部分について、理解に相違がないか知りたいという思いから作った要望書だった。もしも同意が得られなくても、どこまでなら譲歩できるのか、明確にしておきたかったのだ。

要望書において特に譲れない、とした部分は、「職員の全員雇用と年収の維持」「永冨調剤薬局の社名の維持」「譲渡後に自身が社長として働けるか」、そして、「次期社長として永冨将寛氏を任命する」といったところだった。

果たして、この要望書について、候補の2社からはどんな回答が寄せられたのだろうか？

経営者の勘で下した最終決断

最終段階まで絞られた2社とは、東証一部上場企業で、北海道札幌市に本社を構える株式会社メディカルシステムネットワークと、大手企業のA社だった。

永富は戻ってきた要望書をデスクに並べて、改めて見比べてみる。

メディカルシステムネットワークは「△」「×」が多く、要望書を提示した永富自身も、意外に感じるほどの内容であった。一方のA社は要望書の回答がほとんど「○」で埋め尽くされ、いわば満額回答のような返答である。さらにA社はメディカルシステムネットワークよりも提示額が10億円多く、すべての条件がそろっているように見える。

A社は、将寛もよく知る調剤薬局の大手企業だ。

「グループに属する子会社の社長会の様子も伝え聞こえてきました。そこでは子会社の自主性を重んじ、子会社が方針を策定して営業してよいというものだったのです」

つまり、A社に売却すれば、これまで通りの方針で経営を続けられることを意味しており、従来となんら変わりなく経営を続けられる。いわば理想ともいえる買収相手だった。

「ところがですね、それでは総合力に欠けるというか、子会社の裁量が大きすぎて、業界再編の波に立ち向かうことができないのではないか、と危惧しました。何のためにM&Aを行うのか、改めて渡部さんの話していたM&Aの意義──『将来にわたって成長できる』という言葉を思い起こしました」

経営者の勘とでもいうべきか、グループとしての統一感の薄さがどうしても気になり、「自由に経営すること」よりも「より高度な経営をすること」を目指した。

また、買収額に10億円の差があるとはいっても、M&Aにより永冨が目指すのは売却益ではない。長期にわたって永冨調剤薬局が大分県の医療を支えていけるか？　雇用を守れるのか？という点だ。そのために成長は不可欠であり、グループの力もいずれは大きく影響してくる。

将寛からは、メディカルシステムネットワークは東証一部に上場していることから、コンプライアンスなどもしっかりしているのではという意見もあった。最後の決め手になったのは、メディカルシステムネットワークの企業理念の部分だ。

「メディカルシステムネットワークは、秋野治郎副社長が、薬剤師として最初に薬局をスタートさせたんですが、『薬局をまちの灯りにして地域に貢献する』という基本理念で創業しています。その考え方は、私の経営理念と同じものです。地域医療の一環として調剤薬局をやっていこうというところに、心の奥底で通じ合うものを感じ、信頼関係を築けると思いました」

地域の薬局として患者を支える、そんな意義を共有できるパートナーはそうそう巡り合えるものではない。これが最終的な決断理由となり、メディカルシステムネットワークとM&Aの基本合意に進んでいく。

戻ってきた要望書について、『次期社長として永冨将寛氏を任命する』という項目、メディカルシステムネットワークの回答は△でした。人となり、仕事ぶりを見させてくださいという回答でしたね」と永冨は笑う。

常務として働く息子への責任を果たす意味で加えた要望であったが、手放しで次期社長就任を約束するのではなく、企業人として正当な評価を行う、という回答だ。むしろ、メディカルシステムネットワークの真っ当な姿勢を垣間見た気がして、内心、喜ばしかった。

親会社の姿勢に感じた可能性

永冨がメディカルシステムネットワークに惹かれた部分は、経営理念以外にもいくつかある。東証一部上場企業であるメディカルシステムネットワークは、２０２１年６月時点で、７つの調剤薬局を子会社として傘下に収めている。定例として毎月社長会を行い、永冨調剤薬局からは永冨が出席し、意見交換を行っている。その場にはメディカルシステムネットワークからも田中義寛副社長らが出席するが、決して親会社からの押しつけでなく、子会社からの意見を聞く場が用意されている。そこでよい方針が出れば、本社にも取り入れる仕組みだ。

この社長会の仕組みについては、Ｍ＆Ａ検討段階から聞いており、各子会社の置かれている状況をボトムアップ型でヒアリングし、全体経営に活かす姿勢に魅力を感じていた。また、子会社にとっても各社の最新の取り組みを知ることができ、よいものがあれば自社に持ち帰り、いずれ現場にも反映され、継続的な発展が期待できる。

実際に傘下入りした現在、社長会に参加してみると、その風通しのよさを心から実感し、このＭ＆Ａはよかったと再認識している。

メディカルシステムネットワークに感じたもうひとつの魅力が、「医薬品ネットワーク事業」

だ。これは薬の共同購入の仕組みで、2018年当時は約5000薬局、2021年時点で約6500薬局がネットワークに加わっている。日本全国の薬局は6万軒といわれており、約10％に相当する計算だ。当初、永冨は「価格が安くなる仕組み」と捉え、それはそれでメリットを感じていたが、実際には期待以上の効果があった。

「3カ月の支払いサイクルを2カ月に短縮し、薬を購入したら基本的に返品をしないといった契約で、卸業者のメリットになります。そのリターンに対して、さらに医薬品全体の価格を安くするというものです。調剤薬局業界における流通革命を実現する取り組みです」

これを成したのは、メディカルシステムネットワークの田尻稲雄代表取締役社長だ。業界の慣習を打ち破るという、田尻社長の考えに共鳴したことも大きい。

要望書が戻ってきて1週間後、10月も半ばを過ぎたある日、永冨は社長室に将寛を呼ぶ。いつになく神妙な面持ちで、しかし、決意した表情で告げた。

「メディカルシステムネットワークに決めた」

「はい、おめでとうございます」

将寛から決断を支持する言葉を聞き、改めてM&Aをするのだという実感が沸いてきた。創業時からの歩みが一瞬、脳裏に浮かんでは消えていく。永冨は目にうっすらと光るものを浮かべながら、将寛と握手を交わした。

爽やかな秋風が吹く季節を迎え、社員はもちろん、家族にも伝えずに進めてきたM&Aが、いよいよ一歩ずつ動き出していく。

家族・幹部・全社員へ、自らの言葉でM&Aを告げる

永冨は冗談まじりに「私は結構ワンマンなんです」と自らを評するが、ワンマン社長にはそれだけの責任がのしかかる。自らが作り、育てた会社の将来について、家族や社員に伝えることも、また社長の責務である。

譲受け企業がメディカルシステムネットワークに決定した後、M&Aにて売却することを最初に伝えたのは、家庭を守りつつ取締役を務める妻と、総務で働く娘だった。2人は当初、突然の話に戸惑ったものの、永冨にすべてを委ねることにした。こうして家族の了解を得た。

2018年11月、社内において管理部長、薬局の統括部長の2人に対し、「M&Aで永富調剤薬局を売却する方向で話を進めている」と話をした。これが社員に伝えた最初であり、何を目的とするM&Aなのか、丁寧に言葉を尽くした。

部長職の2人はいずれも、永富と共にこれまで経営を推し進めてきてくれた功労者であり、その働きは当然報われるべきだ。売却後は、本部体制が刷新されることはなく、これまで通りの役職、雇用契約が守られることを伝えた。

もし彼らの理解を得られなければ、難航すると思われたが、永富と歩みを共にしてきた番頭格の社員にとって、立場は違えど社を想う気持ちは変わらず、社長の決断を受け入れてくれた。

実は経営者は見落としがちだが、社長よりも若い働き盛りの社員にとって、人口が減少する現状において、自身の将来を不安に感じる者も少なくない。M&Aがうまくいけば、将来の不安におびえることなく、大手傘下にて、これからもやりがいのある仕事を続けることができ、未来に希望を託せることになるという利点もある。

2018年12月6日、朝から冷たい雨が降っていたが、午後になると雨が止み、曇り空から薄日が差すまでに回復した。午後3時過ぎ、メディカルシステムネットワークの田尻社長が来社する。

「この会社は、わが子のように育ててきました。おかげさまで、大分県ではなくてはならない薬局として認知されています。永冨調剤薬局を必要とする人たちのために、どうかよろしくお願いします」

田尻社長に、まるで娘を嫁がせる父親のような心持ちでお願いの気持ちを伝えた。

「私たちも、経営の根っこの部分は同じであると認識しています。よりよい調剤薬局を目指して、共に経営していきましょう。こちらこそよろしくお願いします」

田尻社長と固い握手を交わす。この日の午後5時、メディカルシステムネットワーク社と最終合意に至り、M&Aが成立した。

大分県のトップクラス企業である永冨調剤薬局のM&Aは、経済界の関心を呼び、新聞社が取材に訪れていた。このままいけば、ほとんどの社員が翌日の朝刊、ニュースでM&Aの事実を知ることになる。

永冨は、当日の午後7時に急遽、幹部社員を集め、M&Aについて経緯を説明した。自らの言葉で社員全員に伝えることが最善であると判断したのだ。

「社名・経営体制を維持できたとしても、社員にM&Aに納得してもらえなければ、私が求めていた本質から外れてしまう。誤解が生まれないように伝え方を考えました」

その日の終業後、全社員は「合同勉強会の開催」という名目のもと、本社に集められていた。午後7時30分、会場のステージに急遽、永冨が登壇。創業時からの歴史について、パワーポイントを使って話を始めた。「何が始まったんだろう?」「年末だから社長の挨拶かな」というムードが漂う。

永冨調剤薬局の歩みと将来の展望についてひとしきり説明を終えた後、いよいよ本題を切り出す。

「永冨調剤薬局は、大手グループに入ろうと思います。社員の皆さんの全員雇用・待遇・福利厚生などの条件面は、これまで通り守っていきます」と自らの言葉でストレートに伝えた。

寝耳に水の事態に状況を飲み込めない社員一同は、ただただ驚きの表情を浮かべている。

その後、譲受け企業としてメディカルシステムネットワークを選んだ理由を順序立てて説明し、田尻社長以下、メディカルシステムネットワークの取締役も登壇。親会社として、挨拶と今後の経営について語った。

最後には、これまで歩みを共にしてくれた社員への感謝の気持ちとして、冬期ボーナスとは別に、特別金を支給すると発表した。その額はボーナスとほぼ同等であり、後日、社長自らが全店舗を回り、手渡しで支給が行われた。額も破格だが、手渡しで直接支給するところに社員への愛情が表れている。

一方で、医療機関にはM&Aの経緯をまとめ、翌朝一番に担当者が封書にて届けるよう通達を出した。これには「詳細は近日中に社長がお伺いし、直接ご説明します」という一文が記されている。この対応に加え、後日、言葉通りに社長自ら医療関係者を回り、社外の理解も得ることができた。

用意周到に進められた社員への開示により、まずは社員に受け入れられはした。

しかし、経営者として、本当にM&Aの選択は間違っていなかったのだろうか。今後、社員がぼろぼろと辞めてしまうことはないだろうか。M&Aが成立してからも、不安はあった。

社外の反応は、突然の決断によりただただ驚きの声ばかりだったが、丁寧に説明していくことで理解されていった。ある種の「M&Aへの嫉妬」は多少あったが、付き合いのある異業種の社長たちは「おめでとう」「よかったね」と口々に祝福してくれた。

そんな折、思いもかけないサプライズが永富を待っていた。メディカルシステムネットワークのグループ会社として新たなスタートを切った2018年の暮れ、仕事納め当日の12月27日のことだ。社員が事前に準備し、「永富社長感謝の会」を開いてくれたのである。

「30名程度の社員がレストランを貸し切って、感謝の会を開いてくれたことは、本当に思いがけないことでした。うれしかったですねぇ。ああ、このやり方でよかったんだと、ほっと胸を撫でおろしました」

社員が離れてしまうかもしれないという一抹の不安も、彼らの粋な心遣いで払拭され、永富は晴れやかな気持ちで2019年を迎えた。

後継者が語る、いかにしてM&Aと向かい合うべきか

新型コロナウイルスの蔓延により、ビジネスの在り方が大きく変化した。生活様式そのものが変容していく中で、2018年12月にM&Aを果たした永冨調剤薬局は、メディカルシステムネットワーク傘下となってからも、地域の医療従事者としての責務を全うしている。

そんな中、永冨調剤薬局の社員の間で新たな動きが見えてきた。薬局事業の統括を担当していた社員の活躍が認められ、メディカルシステムネットワークへ転籍を果たし、薬剤師約1400人の教育を行う部署のトップとなった。M&A前には考えもしなかった新たなキャリアプランが拓けたのだ。

一方、永冨の長男・将寛は桜が咲き始めた2021年4月、永冨調剤薬局の専務取締役を務めながら、グループ会社で元上場企業のトータル・メディカルサービスで代表取締役専務を兼任することとなった。同社は福岡県で薬局をメインに展開する企業で、永冨調剤薬局よりもさらに大規模だ。現在は大分県を離れて福岡県に移住し、トータル・メディカルサービスにて経営の中核を担っている。こうして将寛の経営者としての管轄範囲は一気に広がった。

改めて、将寛がM&Aに至るまでの心情の変化を語る。

「最初はM&Aと聞いて、面食らった部分もありますが、改めて社内と業界を見回していく中で、父が決定したM&Aに賛同できました。ただ、私と家族の将来が気になっていたというのも本音です。

現時点ではM&A時の約束がしっかり守られており、安心しています。こちらからの意見について、議題として検討してもらい、取り入れてもらうこともあります。私自身についても高く評価してもらって、新たな役職で迎え入れられています。いい会社に入ったな、と素直に思います」

誤解を恐れずに言えば、後継者の立場では、M&Aを手放しで歓迎すべきか判断し難い面がある。会社の持続的な成長のためとはいえ、M&A後、実際に約束が守られるのか、譲受け企業の選び方はより慎重にならざるを得ない。

果たして後継者としては、M&Aといかに向き合うべきだろうか。将寛は次のように語る。

「後継者としては、会社がM&Aをするにしても、しないにしても、M&Aの情報は仕入れておくべきだと思います。私は父から勧められた渡部さんの本を入り口に学んでいきましたが、さまざまな選択肢があることを知り、冷静に捉えることができました。情報を収集しておけば、経営者がM&Aに関心を示した時、的確なアドバイスができると思います」

M&Aがもたらす可能性は、会社や経営者だけでなく、後継者やその社員にまでも波及していく。将寛や、転籍を果たした社員がまさしく好例といえるだろう。

長年の夢だった恩返しが実現。改めて思う、経営者がすべきこと

2018年7月にM&Aに関心を持ち、その年の暮れにはM&Aを成した永冨。オーナーではなくなったが、3年後の2021年においても、経営のトップとして、手腕をふるっている。実は、多額のM&Aによる譲渡対価が入ったにもかかわらず、永冨の生活はほとんど変わっていない。それどころか、自社の将来を大手に託した一方で、2020年には長年の夢だった「公益財団法人 永冨薬学奨学財団」を設立した。

「大分県の大学には薬学部がなく、どうしても県外に出なければいけない。経済的事情で進学をあきらめる若者も多いと聞きます。財団では、大分県出身で日本国内の大学の薬学部に在学する学生に奨学金を給付することにしました」

奨学金制度は、大分県のため、地域の人のため、そして医療体制を維持するためのもの。一時的な寄付ではなく、継続的に数十年をかけて続けられることが地元への恩返しだと言う。この夢は、M&Aでの成功がなければ、実現しなかったかもしれないものだ。永冨はどこまでも地域医療を考えている経営者だった。

「M&Aは考え出したらキリがない」。初めてのM&Aを経験し、そのメリット、難しさを理解した上で永冨は言う。

「戸惑っているうちに、1、2年はすぐに経ってしまいます。その間に社会情勢がみるみる変化してしまう。私が幸運だったのは、日本M&Aセンターの渡部さんが『年末までに決めましょう』とゴールを設定してくれたことです。9月下旬に正式に仲介を依頼してから「年末まで」ですから、猶予は3カ月足らずでした。振り返ればあっという間でしたが、短期間で考えて、行動を起こすべきだと実感しました」

永冨調剤薬局の成功を受け、社長仲間から「うちもM&Aをすべきだろうか」という相談が寄せられる機会もあるという。

「何年間もM&Aを考えている方も多いですが、そのままだと進みませんよ、とはっきり言っています。3年後、会社はどうなっているかわかりませんから、経営者の決断が必要だと思います」

100人の経営者がいれば、100通りの考え方があるが、M&Aは〝生き物〟だ。買い手・売り手にさまざまな出来事が起き、状況は刻一刻と変化する。

2022年、70歳となる永冨は、長男の将寛がトータル・メディカルサービスの代表取締役専務となったことで、「まだまだ永冨調剤薬局を率いて走り続ける」と意気込む。親会社のサポートのもと、今後はM&Aの買い手として事業拡大のプランも出てきた。

「会社の将来、業界の未来、残すべき資産、後継者問題など、常に会社は課題を抱えていますが、経営者は、決める時は決める必要があると改めて思います」

M&Aという大きな決断をした永冨は、今日も経営者としての日常を通して、自身が成すべきことに邁進している。

経営は何をもって成功というべきか。M&Aにより、新たな未来が拓けた永冨と永冨調剤薬局の姿に、その答えを見いだせそうだ。

（文中敬称略）

第2章

会社を売る
ということ

想いを次代に受け継ぎ、自社を伸ばしていくために、経営者ができることは何か。国内だけでなく世界のビジネス環境なども踏まえて考える

1 会社の引き継ぎ方には、経営者の価値観が表れる

第1章で取り上げた永冨社長は、経営者として着実に歩みを進め、60歳を過ぎて、ご子息を後継者として育ててこられた。極めて優秀な後継者に恵まれ、会社は無借金で、業績も好調。会社を譲渡することはほとんど考えたことがなかったという。実際に、このまま経営しても、10年後も20年後も超優良企業だということに変わりはない。

しかし、家族のこと、仕事のこと、そして何より「よい医療を提供する」にはどうしたらよいのか、熟慮に熟慮を重ねた上で、「会社をさらに伸ばすために譲渡する」という決断をされた。そして、引き続きトップとして、M&A前にも増して精力的に采配を振るっている。

本物の経営者が考えていること

私たちは多くの経営者と出会ってきたが、その中でも「本物の経営者」と感じる方に出会うことが何度かある。永冨社長は、そうした「本物の経営者」の1人だ。会社をどうしていくべ

きか、社員のこと、顧客のこと、家族のこと、そして自分自身のことを真摯に考え抜き、M&Aが最適だという答えを出された。

会社の引き継ぎ方、継がせ方には、経営者としての美徳や生き様が詰まっているように思う。M&Aのプレイヤーとして、さまざまな業種や規模の経営者の最終着地点を見てきたが、「経営者が最後にどう決断するのか」は、経営者の人生そのものを見ているようだ。

私たちの経験上、多くの経営者のご子息・ご息女は帝王学を学んでおり、強い覚悟を持って企業の承継に臨んでいる。「他社に譲渡をする」ということを伝えると、自身の立場に不安を覚え、強く反対することもある。経営する実力のある方の場合は、永冨社長のご子息のように、「どちらに転んでもやっていける」という強い自負を持っていて、社長の意見を支持することが多いように思う。

逆説的だが、（ご子息・ご息女が会社のことを思ってでなく、保身のために）「売りたくない」と言った場合は、私たちから譲渡を勧めることもある。厳しいことだが、会社を引き継ぎ、社員を守り、顧客に満足してもらうには、強い覚悟が必要だ。

以前にお会いした経営者の方が、M&Aの検討過程でご子息に投げかけたある言葉が、今も頭の中に残っている。

「あなたが継ぎたいならやればいい。ただし、それは社員のため、お客様のためなのか。自分のためだけでないかどうか、1週間考えなさい」

こう問われたご子息は、最終的に「事業を継がない」という選択をされた。その後、M&Aで上場企業のグループ入りを果たしたこの会社は、今も好業績を続けている。当初は会社を継ぎたいという意思が強かったのだが、本当にそれがよいことなのか深く考えたからこそ、譲渡することに賛同したとのことだった。

「会社をどうやって引き継いでいくべきか」というのは、答えのない問いだが、本物の経営者は、企業の成長、社員や家族の想いなど、あらゆる方面から徹底的に考え抜き、苦悩の上、答えを出している。

譲渡をするタイミング

企業を譲渡するタイミングは、経営者や企業のフェーズによってさまざまだ。

スタートアップで早めの売却を決断する経営者もいれば、事業承継をひとつのきっかけとして譲渡を決断する方もいる。

創業からわずか数年で事業を譲渡し、大きく成功した例として有名なのは、Facebookに売却したInstagramだ。

Instagramは２０１０年10月にサービスを開始し、２０１２年４月、社員がわずか13名の時に10億ドル（当時の為替レートで約８１０億円）で売却をした。２０１８年には１０００億ドル（約11兆円）の評価額とされている。つまり売却してからわずか数年で１００倍の企業価値にまで成長したということだ。もちろん自力でも成長した可能性もあるが、結果としてFacebookに譲渡したことは間違いではなかっただろう。企業にとって、「いつ、誰と組むか」については、創業直後から考えておくことが、成長にとって欠かせない戦略のひとつとなっている。

もちろん、譲渡することだけでなく、会社を買うという戦略も、常にその可能性を探っておくことが重要だ。

たとえば、２０１６年に設立されたスタートアップであるカケハシ（調剤薬局向けクラウド電子薬歴「Musubi」を展開）は、上場企業であるインターネット広告大手のセプテーニ・ホールディングスの完全子会社のファルマーケット（２０１４年設立）を買収した。スタートアップも資金調達をして、買収を検討する時代になったのだ。カケハシの代表取締役ＣＥＯの中川貴史氏は、「会社を譲り受けることは常に検討している」と話されている。

ここでは、スタートアップが会社を売却するケースと、事業承継に関連して会社を売却するケースについて、そのタイミングを考えてみたい。

①スタートアップが会社を売却するケース

創業間もない企業は、商品・サービスが出来上がり、それを世の中に広めていくフェーズにあることが多い。特にIT企業はサービスの移り変わりが激しく、創業5年程度で譲渡する企業が急増している。創業メンバーが技術力やビジネス感性を持っている場合、時代にマッチしたサービスを提供でき、数億円の売上のフェーズまで短期間で成長することがある。

しかし、1つのサービスでの成長だけでなく、新たなサービスをつくることができるかという課題や、よいサービスでも、類似企業が急増しているフェーズにおいては、自社の経営資源だけでは成長スピードが間に合わないという課題がある。VC（ベンチャーキャピタル）からの資金調達も近年では急増しているが、単に資金調達という目的だけでなく、人材採用やブランド力などの面で大手企業の経営資源を使ったり、成功している経営手法を取り入れたりすることも大手企業と提携する大きなメリットだ。

「大手と一緒になると、スタートアップとしての勢いが薄れるのではないか？」と懸念する経営者も多いが、京セラコミュニケーションシステム株式会社に事業を譲渡した株式会社Ristの遠野宏季《えんのひろき》社長は、「自分がいた時よりも、ベンチャーっぽくなった」と評している。つまり、相手次第で、スタートアップの雰囲気をそのままに、事業を加速させることもできるということである。

Ristは A I の分野でのスタートアップだったが、遠野社長は「資金よりも、A I の機能を発揮するためのデータが欲しかった」とのことだ。経営戦略として、どうすべきかを熟慮した結果のM&Aである。

②55～65歳で事業承継に伴って会社を売却するケース

中堅・中小企業のM&Aで一番多いのが、経営者が50代・60代での売却だ。最近は50代前半で株式を譲渡し、その後5年間ほどトップとして経営を継続するケースもある。

100％オーナー（株主）会社だと、トップの意思で自由に経営ができる。しかし、その一方で、数年間成長が止まっていたり、先が見えず大きく成長を描けていなかったりする場合もある。そこで創業した時の夢をもう一度追いかけるため、あるいは社員の活躍の場を作るため、はたまた顧客によりよいサービスを提供するために、大手企業との提携を選び、その後、経営者として数年残る。株主ではなくなるが、経営者として最後に採用力やブランド力、資金力を得て自由に経営するということだ。20年間ほど経営してきた経営者の方の中には、「引退するにあたって、もう一歩飛躍したい、会社をよりよくして次世代に引き継ぎたい」と考える方が多くなってきた。

なお、経営者の美学として、「引退するときはスパッと引退したい」という方も多い。そのような事業承継M&Aをする場合、私たちは65歳までに実行することを強くお勧めしている。

もちろん実際には、70代になってもまだまだ自力で経営したいという「創業者タイプ」の経営者も多い。年齢を重ねると、最後までやり遂げたいという気持ちが強くなったり、現状維持（自分が経営し続けること）が最善と考えたりしがちになる。にもかかわらず、引退が迫ってくると、新店を出したり、新しく機械を買ったりして設備投資しようということは少なくなるので、業績が伸び悩み、社員が「この会社は大丈夫だろうか」と不安に思うようになる。

例外で、「家業」として、ファミリーで経営してこそ事業がより魅力的になる老舗企業も存在する。老舗の味を守ったり、代々続く帝王学があったりする場合、他社に譲渡するとその魅力が落ちてしまう。そういったケースでは、確かにM&Aで第三者には譲渡すべきではないと私たちは考えている。

上場企業がさらなる成長のために売却をする

上場していても、戦略的に別の企業に譲渡をすることもある。

このケースの具体例として、ZOZOに触れておく。２０１９年9月、ＥＣでファッションの通信販売を行うZOZOがＭ＆Ａによるヤフーグループ入りを発表した。２０１９年3月期で売上高１１８４億５００万円、営業利益２５６億５４００万円という好業績を上げており、時価総額は７０００億円前後だった。２０１９年9月13日時点での時価総額を見ると、丸紅が約１・3兆円、サイバーエージェントが約５０００億円、大和証券が約８０００億円だから、当時のZOZOはすでに一流企業であったと言っていいだろう。日本の株式市場の中でも上位数本の指に入る企業に、創業から21年間で達したことになる（ちなみに２０２１年8月時点では、ZOZOは時価総額1兆２２９４億円、丸紅が1兆６０００億円、サイバーエージェントが1兆円、大和証券も1兆円前後である）。

ZOZOはＭ＆Ａによってヤフーの傘下となった。ヤフーは、これまでにも、やはり成長過程にあった一休をグループに迎え入れた経験を持っている。

ZOZOは同業とは競合していくのでなく、ヤフーの力、あるいはソフトバンクグループの力を使って、他業種との間で再編成を進めて一気に業界の勝者となっていくことを考えている。

ヤフーという法人が株を保有することにより、一休やZOZOがヤフーのプラットフォームを活用できるようになる。一方、個人で株を持つことは「企業のコントロール」という観点では役立つが、やはり事業上の利点は法人が株主であることのほうが大きいといえる。

2019年9月12日に行われたZOZOの前澤友作氏の会見では、「退任するのは無責任なのではないか？」という質問があり、これに対して前澤氏は次のように答えた。

「無責任とは、経営者が権力や地位に甘んじて、会社の成長機会を逃し、地位に固執することと考えます。（中略）私一人のトップダウンによる、ある意味わがままな経営から、社員一人ひとりが権限を持ち、総合力を持った組織になり、ZOZOはさらなる成長を遂げていく必要がある。そのための苦渋の決断でした」

この後、別の記者から現在の心境を尋ねられると「嬉しくもあり、寂しくも悲しくもある。オーナーにとって、子供が結婚するような気持ちだ」と前澤氏は答えた。

前澤氏の決断は大いなる決意を伴ったはずだが、企業の成長には欠かせないものであり、前澤氏の「子供が結婚するような気持ち」という感慨は偽らざるものだろう。

創業者というのは、毎日新しいことを考え、生み出している。ヤフーは大企業ではあるが、川邊社長をはじめ、創業経営者の集まりだ。ヤフーのグループに入ったZOZOは、この前澤氏の考え方を忘れることなく、さらなる飛躍を遂げている。

ZOZOのように、事業をより大きくするために経営能力の高い経営者がいる企業と組むという流れは、これからも増えるだろう。素晴らしい技術力を持っているけれども、企業として成長の限界を感じている中小企業はたくさんある。M&Aを駆使することによって、高い技術力を持っている中小企業とより大きな企業が手を組めば、国内における企業の活力が今以上に高まる可能性は十分にあるだろう。

2 M&Aで第2創業を実現する

創業者は、何らかの問題意識を持ち、「世の中・時代・事業の仕組みを変えてやろう」という信念を持って起業する。一念発起し、設立した会社を大きく発展させ、よりよい会社にしていくこと、また社会に貢献し永続的な発展を果たすことは、創業者にとって最大の責務であり、最大の目標にほかならない。「信念を実現する」という力を持つ創業者は、偉大な存在だ。

企業は常に、ビジネスフェーズを引き上げなければならない

私たちはM&Aプレイヤーとして、さまざまな企業経営者の方々と共に多くのM&Aを経験する中で、今、日本の多くの会社においては、成長・発展を続けるための2回目の創業、すなわち「第2創業」が必要だと痛感している。「第2創業」とは、歴史ある企業においてかつての創業者がそうしたように、もう一度起業するのに匹敵するようなダイナミックな変革を企業にもたらすということだ。かつて日本が右肩上がりに成長していた時代とは異なり、どんな企業

も変化しなければ生き残れない、成長し続けられない時代になった。「第2創業」のためには、自社のみならず属する業界やカテゴリーをシフトするような強固な意志と実行力が必要となる。経営者がリーダーシップを発揮し、もう一度、創業時の原点に立ち返って企業の目的や社会貢献を考え、ビジネスを進化させるのである。

しかし、第2創業は簡単にできることではない。だからこそ、オーナー経営者の交代時、親族への事業承継時、あるいは業界再編のタイミングは、ビジネスのフェーズを上げる絶好のチャンスとなる。業界再編の動きに加わって、1社だけではできないことを複数の会社で実現していくこともできる。過去の延長線から抜け出しビジネスを大きく進化させるべき時や、事業に行き詰まった時こそ、「自社だけでどうにかしよう」と考えず、他社と手を組むことが現状の打開策となる。

ここでひとつ、業界全体が再編を目指し、手を組んだことで大きな成功を収めた事例について紹介したい。大谷翔平選手が大活躍しているメジャーリーグでの出来事だ。

1990年代、メジャーリーグと日本プロ野球の総売上を比較すると、約1500億円程度と同程度だった。ところが、現在ではメジャーリーグだけが急成長を遂げ、何と約5倍もの差ができてしまっている。現在の選手の給与水準でも、実に10倍の差（プロ野球が約4000万円に対し、メジャーは約4億円）がついているのだ。

両者を分けたものは何だったのか？

当時から大胆な変革を進めていたメジャーリーグは、業界全体が成長するために、球団間の垣根を取り払い、球団同士が手を組む経営戦略を取った。たとえば、リーグ全体のインターネット広告、チケット販売、海外の放映権料やリーグスポンサーからの収入などを統括管理し、全体の収益を各球団に分配したのだ。こうした大ナタを振るうレベルの大改革によって大きな成長を遂げたのである。

一方、日本のプロ野球界は、テレビの放映権料やネット配信などの管理を各球団がそれぞれ個別に行う旧態依然とした方式を取り、結果として総売上でメジャーリーグにとてつもない差を開けられてしまった。「自社だけが勝てばいい」と他社と手を組むことを躊躇していては、ビジネスを進化させるせっかくの機会が失われてしまう。

日本企業は総じて、過去からの延長、横並び主義、既得権益の保護を重視しがちだ。しかし、そのようなフェーズはとうに過ぎ去っている。現状から脱却し、ビジネスを進化させなければ、日本はグローバル化の波から取り残されてしまうだろう。世界は「協業する」ということを常に念頭に置いてビジネスを進める時代に突入しているのである。

経営者の矜持はM&Aで受け継がれる

会社を譲り受けることと、譲渡することは、見方によっては実はほぼ同義だともいえる。ひとつの法人グループを作り出すということには違いがないからだ。株を譲渡する側、譲り受ける側という違いはあっても、「ワンチーム」となるのである。

上場企業の中でも、売上の6割がM＆Aによるものという会社も多数存在する。業界をよくしていこうという情熱を持った中堅・中小企業の経営者たちが、それぞれの創業時の矜持を胸に秘めつつ、「自社単独でやっていくよりも、共同で経営をしたほうがよりスケールしたビジネスができる」と判断し、集まっている。彼らはまさに「業界再編」という大仕事へ乗り出している。自力で経営する時代は終焉を迎え、協調する時代の幕が開けたのだ。

各業界が業界再編の波に乗っている「成長期」から「成熟期」は、会社のベストの売り時といえる。このタイミングは売り手市場であり、有利な条件を引き出すことができるからだ。逆にいえば、この時期を逃すと、会社を高値で売却することも、理想の買い手企業に出合うことも、自社に有利な条件を引き出すこともかなり難しくなる。そうなってしまっては、創業時の矜持をそこに反映することも、難しくなるかもしれない。

多くの経営者は、「会社は自分の人生そのものだ」と異口同音に話す。まさしく自分の分身のような大切な会社が、M&Aによって存続し、企業としてさらなる発展を遂げる。同時に社員は、前より生き生きと楽しそうに働いている。会社と社員に対する自分の願いは、すべて叶った。M&Aに成功した経営者はそんな感慨を持つという。会社を譲渡しても、確かにそのまま社長も取引先も残っていくのだ。数年前に会社を売却した、とあるオーナーは、社員がグループ入りして活躍する姿に「（自分の手でなしえなかったことに）嫉妬するが、嬉しくもある」と目を細めていた。

会社を売却するのに最適なタイミングとは？

会社を売却するのに最適な時期を逃さないようにするためには、どうしたらいいのか。業界再編のタイミングを見定め、その波に乗って強者連合に仲間入りした勝ち組経営者の多くは、より有利な条件で事業を売却するため、さまざまなことを心がけている。代表的なものは、次の5つだ。

①会社の現状を冷静に把握している

客観的に自社の状況を把握し、自社の株価を算定し、正確な企業価値を知ることはとても大切だ。その上でさまざまな戦略を実行すべきである。譲渡する側は、少しでも高く会社を売りたい（高く評価してもらいたい）と考えている。期待していた通りの株価では売却できない場合、「これからがんばって会社の業績をよくして、株価を上げてからM&Aを検討する」と言われることもある。

気持ちは痛いほど理解できるが、ほとんどの場合、そううまくはいかないのが現実だ。すべての経営者は日々、少しでも会社をよくしようと経営努力しているはずだ。それにもかかわらず、業績が下がっている場合、1、2年程度で業績を大幅に回復できる例は残念ながらほとんどない。何よりも、10年、20年と経営してきた会社の価値を、わずか数年で大きく上昇させることは難しい。

まずは専門家の株価診断を受けて、会社の現状を把握してほしい。株価のフェアバリューを正しく算出できる専門家はまだ少ないが、的確な判断材料を手にしておきたい。

②業界の現状を熟知し、タイミングを逃さない

自社が属する業界が再編の真っ只中で、売り手市場のピークにあるなら、買い希望が相次ぐことも珍しくない。場合によっては、企業評価で算定していた株価よりも、はるかに高い数字を買い手企業が提示することもある。この時、業界の現状をよく知り、会社の「本当の価値」

を知ることが大事だ。「まだ価値が上がるはず」と事業を譲渡するタイミングを逃すと、数年後は業界再編の波に飲み込まれ、苦しい経営を余儀なくされる恐れもある。

③M&Aについて学び続ける

「守りに向かわず、攻め続ける」という姿勢と情熱は経営者にとって大切な資質である。これは変化の激しい時代では、なおのこと重視される。事業売却で成功された方は、過去の成功にとらわれず、会社を成長させるM&A手法について学び続ける姿勢を持っている。

④株主に固執しない早めの決断

40代前後の若いうちから準備を始めて、M&Aを戦略的な経営手段として活用している経営者が増えている。こうした経営者の方々は、株式の所有にこだわっていない。共通するのは、会社を「私物化」しない柔軟性を持ち、よりパブリックな視点で自社の将来を見つめているということだ。つまり、株主となり「資本を持つ」ということと、「経営をする」ということを分けて考えている。

業界再編の中で規模の二極化が進むと、大手企業は「経営のプロ」、地方の中小企業は「地域密着のプロ」として、それぞれの役割を担っていくことになる。その中で自社の未来をどう判断するかは、経営者としての先見性が問われる部分といえる。「自分の年齢」という明確な数字でわかる事業承継の時期に加えて、「業界再編の状況」も視野に入れるべきだというのが私たちの意見だ。

迷っているうちに業界再編のピークは過ぎ去ってしまう。そして、その旬は、多くの経営者が考えているよりもはるかに早く終わってしまう。タイミングをほんの少しでも逃せば、あとはじり貧になっていくばかりだ。

⑤働く社員の未来を考える

「何のためにM&Aをするのか？」という点は、経営者にとっての本質的な問題だといえる。M&Aにより会社を高値で売却することは、もちろん大切だが、これまで私たちが携わってきたM&Aの経験からいえば、「高く売りたいのはやまやまだが、それだけでは満足のいく結果が得られない」と口にされる方も多い。

それは、M&Aの理由として「社員のため」という点を重視しているからだ。そのような経営者の会社は、優良企業であることが多い。また、そうした考えで社員のために磨き上げられた企業が、結果的に高値で譲渡されている。

なお、誤った解釈が一部にあるかもしれないが、M&Aの結果、大手企業の子会社になったからといって、子会社の経営者や社員が低く見られたりすることはない。グループのパートナーになるためのM&Aを理解していない会社、M&Aの相手に不遜な態度を取る会社には、そもそも私たちM&Aコンサルタントが売り手企業の情報を持っていくことはありえない。また、度重なる面談においては、その場を取り繕っても必ずぼろが出る。売り手企業の信頼を得られなければ、M&Aが成約することもない。

M&Aで成功する買い手企業は、売り手企業をリスペクトし、自社はもちろん、子会社の社員も大切にする企業である点が共通している。会社を譲渡したオーナー経営者自身が「うらやましい」と感じるほど、社員が大手グループ入りしたことに満足しているケースも多い。また、子会社の社員が実力を認められ、本社の重要ポストに抜擢されるケースも増えている。それは、譲渡した側の経営者にとっては、瞬間的には複雑な心境でも、「社員の未来を守る」という経営者の責任を果たした証となる。

M&Aにおいては、売り手も買い手も「社員を大切にする会社」こそが本当の成功者である。そうしたM&Aを実現できる経営者の方々は、業界再編時代の絶好のタイミングを逃さず、迷わずに勝者への道を進んでいくものである。

3 グローバルで再び評価される日本へ

実は業界再編の動きは、ここ数年で始まったことではない。明治期の近代日本の夜明けから工業化の進展、敗戦から復興、そして高度経済成長から停滞、復活という大きな流れの中で、さまざまな業界で再編が行われてきた。企業の淘汰や統合の営みは、日本経済の発展の原動力になってきたのだ。

数多行われてきた業界再編は、決して大手企業同士の買収合戦だけではない。前述のように、その流れを初めに作り出すのは、業界を、ひいては世の中をよりよくしていこうという情熱を持った中堅・中小企業の経営者である。しかしながら現代においては、業界再編の過程で「強者連合」の仲間入りができるケースと、買い手がつかず取り残されてしまうケースの二極化が起きている。

では、どうしたら業界再編の流れに乗って強者連合の仲間入りを果たし、成功できるのだろうか？

M&Aプレイヤーとしての私たちの経験からいえば、「あるべき業界像について、熱意を持って考え抜くこと」が最も重要だ。業界の将来像を思い描き、知識と方法論を身につけて業界再編をリードする側に立つことが、結果として会社の飛躍的成長へとつながる。

図表2-1は、世界時価総額ランキングにおける1989年（平成元年）と2019年（令和元年）の50位までの順位である。日本企業はバブル期の1989年時点において、世界の時価総額ランキング上位50社の半分を超える32社を占めていた。これに対して現在では、50位以内に入っているのはトヨタ1社のみ（43位）だ。

アメリカではアップルやアルファベット（グーグル）、アマゾンが約100兆円の時価総額となり、大きな変化を遂げている。一方、日本では、キーエンスが9兆円、ソフトバンク、リクルートホールディングスが7兆円の時価総額となったくらいしか変化がない。ちなみに2019年の日本の株式時価総額トップ10の顔ぶれは、トヨタ自動車、NTT、NTTドコモ、三菱UFJ銀行など、10年前の2009年とほとんど変わらなかった。

今のまま、前世代の踏襲で会社運営がなされていけば、今後、日本企業が成功する可能性は低いままだろう。成功できたとしてもそのスピードは非常に遅く、世界のトップ企業と肩を並べることはほとんど不可能かもしれない。ましてや日本の多くの産業は、ライフサイクルでい

図表 2-1　世界時価総額ランキングの比較

世界時価総額ランキングTOP50（平成元年）

順位	企業名	時価総額（億ドル）	国名
1	NTT	1638.6	日本
2	日本興業銀行	715.9	日本
3	住友銀行	695.9	日本
4	富士銀行	670.8	日本
5	第一勧業銀行	660.9	日本
6	IBM	646.5	アメリカ
7	三菱銀行	529.7	日本
8	エクソン	549.2	アメリカ
9	東京電力	544.6	日本
10	ロイヤルダッチ・シェル	543.6	イギリス
11	トヨタ自動車	541.7	日本
12	GE	493.6	アメリカ
13	三和銀行	492.9	日本
14	野村證券	444.4	日本
15	新日本製鐵	418.8	日本
16	AT&T	381.2	アメリカ
17	日立製作所	358.2	日本
18	松下電器	357.0	日本
19	フィリップ・モリス	321.4	アメリカ
20	東芝	309.1	日本
21	関西電力	308.9	日本
22	日本長期信用銀行	308.5	日本
23	東海銀行	305.4	日本
24	三井銀行	296.9	日本
25	メルク	275.2	アメリカ
26	日産自動車	269.8	日本
27	三菱重工業	266.5	日本
28	デュポン	260.8	アメリカ
29	GM	252.5	アメリカ
30	三菱信託銀行	246.7	日本
31	BT	242.9	イギリス
32	ベル・サウス	241.7	アメリカ
33	BP	241.5	イギリス
34	フォード・モーター	239.3	アメリカ
35	アモコ	229.3	アメリカ
36	東京銀行	224.6	日本
37	中部電力	219.7	日本
38	住友信託銀行	218.7	日本
39	コカ・コーラ	215.0	日本
40	ウォールマート	214.9	アメリカ
41	三菱地所	214.5	日本
42	川崎製鉄	213	日本
43	モービル	211.5	アメリカ
44	東京ガス	211.3	日本
45	東京海上火災保険	209.1	日本
46	NHK	201.5	日本
47	アルコ	196.3	アメリカ
48	日本電気	196.1	日本
49	大和証券	191.1	日本
50	旭硝子	190.5	日本

世界時価総額ランキングTOP50（令和元年）

順位	企業名	時価総額（億ドル）	国名
1	アップル	9644.2	アメリカ
2	マイクロソフト	9495.1	アメリカ
3	アマゾン・ドット・コム	9286.6	アメリカ
4	アルファベット	8115.3	アメリカ
5	ロイヤル・ダッチ・シェル	5368.5	オランダ
6	バークシャー・ハサウェイ	5150.1	アメリカ
7	アリババ・グループ・ホールディングス	4805.4	中国
8	テンセント・ホールディングス	4755.1	中国
9	フェイスブック	4360.8	アメリカ
10	JPモルガン・チェース	3685.2	アメリカ
11	ジョンソン・エンド・ジョンソン	3670.1	アメリカ
12	エクソン・モービル	3509.2	アメリカ
13	中国工商銀行	2991.1	中国
14	ウォルマート・ストアズ	2937.7	アメリカ
15	ネスレ	2903.00	スイス
16	バンク・オブ・アメリカ	2896.5	アメリカ
17	ビザ	2807.3	アメリカ
18	プロクター・アンド・ギャンブル	2651.9	アメリカ
19	インテル	2646.1	アメリカ
20	シスコ・システムズ	2480.1	アメリカ
21	マスターカード	2465.1	アメリカ
22	ベライゾン・コミュニケーションズ	2410.7	アメリカ
23	ウォルト・ディズニー	2367.1	アメリカ
24	サムスン電子	2359.3	韓国
25	台湾セミコンダクター・マニュファクチャリング	2341.5	台湾
26	AT&T	2338.7	アメリカ
27	シェブロン	2322.1	アメリカ
28	中国平安銀行	2293.4	中国
29	ホーム・デポ	2258.2	アメリカ
30	中国建設銀行	2255.1	中国
31	ロシュ・ホールディングス	2242.9	スイス
32	ユナイテッドヘルス・グループ	2179.2	アメリカ
33	ファイザー	2164.1	アメリカ
34	ウェルス・ファーゴ	2132.3	アメリカ
35	ボーイング	2117.8	アメリカ
36	コカ・コーラ	2026.4	アメリカ
37	ユニオン・パシフィック	1976.4	アメリカ
38	チャイナ・モバイル	1963.6	中国
39	中国農業銀行	1935.00	中国
40	メルク	1897.5	ドイツ
41	コムキャスト	1896.9	アメリカ
42	オラクル	1866.7	アメリカ
43	トヨタ自動車	1787.6	日本
44	ペプシコ	1772.5	アメリカ
45	LVMH モエ・ヘネシー・ルイ・ヴィトン	1762.8	フランス
46	アンハイザー・ブッシュ	1753.00	ベルギー
47	HSBCホールディングス	1749.2	イギリス
48	ノバルティス	1742.6	スイス
49	フォメント・エコノミ・メヒカノ	1713.4	メキシコ
50	ネットフリックス	1647.5	アメリカ

出典：日本……経済産業省・マールオンライン（レコフ）、アメリカ……IMAA

えば、すでに成熟段階もしくは衰退段階に入っている。成熟段階に入った産業が新たな成長を目指すためには、従来の延長線上にある発想や組織運営ではなく、異業種間の再編といった、従来の枠組みを超えた変革を推し進める必要がある。

国内で再編を進めて体制を整える一方で、海外での拠点設置、販路拡大、営業活動のさらなる強化が求められる。海外に販売ルートや拠点を持たない企業は、海外で一定以上の成果を出している企業と組むことによって一気に海外展開が可能となる。つまり、既存の企業においても、世界に目を向ける意味でM&Aは必須の手段なのである。

日米のM&A市場の違い

このような状況にある日本だが、国内のM&A案件はまだ少ない。図表2-2のように、2019年に日本企業の関わったM&Aの件数は4088件であり、それまでの過去最高だった2018年の件数を上回ったが、金額ベースの対GDP比で見ると、アメリカなど海外諸国と比較して非常に少ない。

また図表2-3からわかるように、日本のM&Aは、取引金額ベースでGDP比約1・4〜5・5%という水準にとどまっている。ところがアメリカはGDP比10%前後で推移しており、

図表 2-2　日本とアメリカのM&A件数

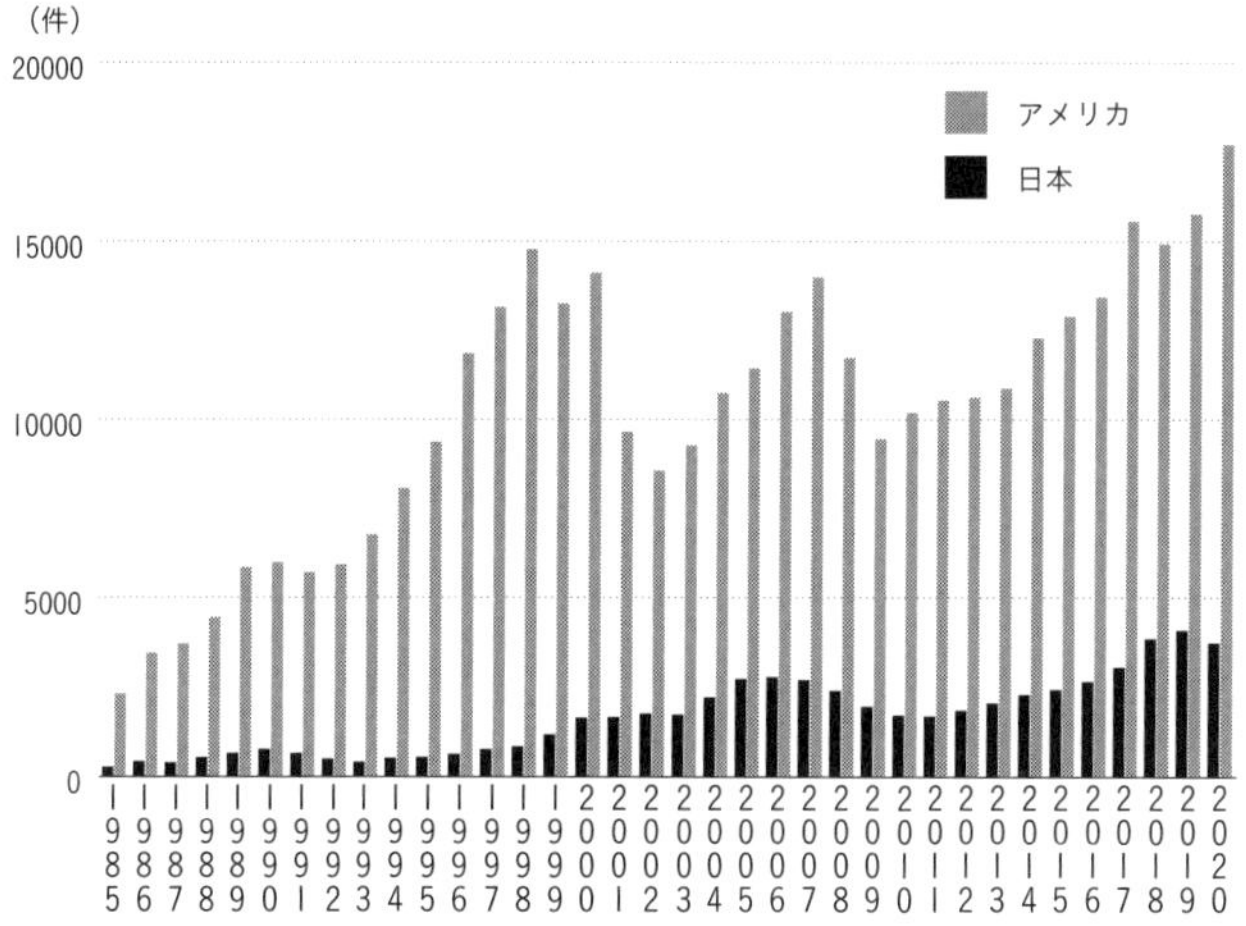

出典：日本……経済産業省・マールオンライン（レコフ）、アメリカ……IMAA

図表 2-3　日本とアメリカのM&A金額と実質GDP

	実質GDP 日本 (10億円)	M&A金額 日本 (10億円)	実質GDP アメリカ (10億ドル)	M&A金額 アメリカ (10億ドル)
2007年	504,792	12,518	15,626	1,826
2008年	499,271	12,641	15,605	1,182
2009年	472,229	7,788	15,209	881
2010年	492,123	6,781	15,599	1,131
2011年	491,456	10,970	15,841	1,378
2012年	498,803	12,616	16,197	1,361
2013年	508,781	7,878	16,495	1,475
2014年	510,687	9,349	16,912	2,086
2015年	516,932	16,860	17,404	2,520
2016年	520,381	16,975	17,689	2,170
2017年	530,150	13,596	18,108	1,956
2018年	534,830	29,236	18,638	2,195
2019年	551,117	17,835	19,975	1,996
2020年	529,000	14,774	18,422	1,183

出典：World Development Indicatorsを基に日本M&Aセンターが加工・作成

日本と比較すると非常に高い割合だ。日本のM&A金額が過去最高であった2018年（GDP比5・5%）でも、アメリカと比べると2分の1以下である。

前述したように、世界の時価総額上位企業のほとんどはアメリカだが、過去から現在に至るまで、アメリカはM&Aが世界で最も活発な国だ。2018年は取引金額ベースで世界のM&Aの約61%がアメリカ企業によるものだった。

日本とアメリカでなぜこのような格差が生じるのか。まずはM&Aで譲受けと譲渡の主体となる企業のデータを洗い出してみる。

2020年時点において、日本には約3750社、アメリカには約5200社の上場企業がある。人口や経済力の比較では、相対的に日本の上場企業数が多い。一方、時価総額の合計を見ると、アメリカのほうがかなり大きい。

図表2-4に示すように、2020年で比較すると、アメリカは市場全体での時価総額が40兆7197億ドルで、1社あたり77億7800万ドル、日本は市場全体での時価総額が6兆7182億ドルで、1社あたり17億9000万ドルとなっており、1社あたりの時価総額ではアメリカは日本の約4・3倍となっている。また、日本では上場企業が純増しているのに対し、アメリカでは一定の幅で増減を繰り返している〈図表2-5〉。

図表 2-4　日本とアメリカの上場企業数と時価総額

	日本			アメリカ		
	上場企業数	時価総額(100万ドル)	1社あたり時価総額(100万ドル)	上場企業数	時価総額(100万ドル)	1社あたり時価総額(100万ドル)
2007年	2,389	4,330,922	1,813	5,109	19,922,280	3,899
2008年	2,374	3,115,804	1,312	4,666	11,590,278	2,484
2009年	2,320	3,306,082	1,425	4,401	15,077,286	3,426
2010年	2,281	3,827,774	1,678	4,279	17,283,452	4,039
2011年	2,280	3,325,388	1,459	4,171	15,640,707	3,750
2012年	2,294	3,478,832	1,516	4,102	18,668,333	4,551
2013年	3,408	4,543,169	1,333	4,180	24,034,854	5,750
2014年	3,458	4,377,994	1,266	4,369	26,330,589	6,027
2015年	3,504	4,894,919	1,397	4,381	25,067,540	5,722
2016年	3,535	4,955,300	1,402	4,331	27,352,201	6,315
2017年	3,598	6,222,825	1,730	4,336	32,120,703	7,408
2018年	3,652	5,296,811	1,450	4,397	30,436,313	6,922
2019年	3,704	6,191,073	1,671	4,266	33,890,828	7,944
2020年	3,754	6,718,220	1,790	5,235	40,719,661	7,778

出典：Statista を基に日本 M&A センター作成

図表 2-5　日本とアメリカの上場企業数の推移

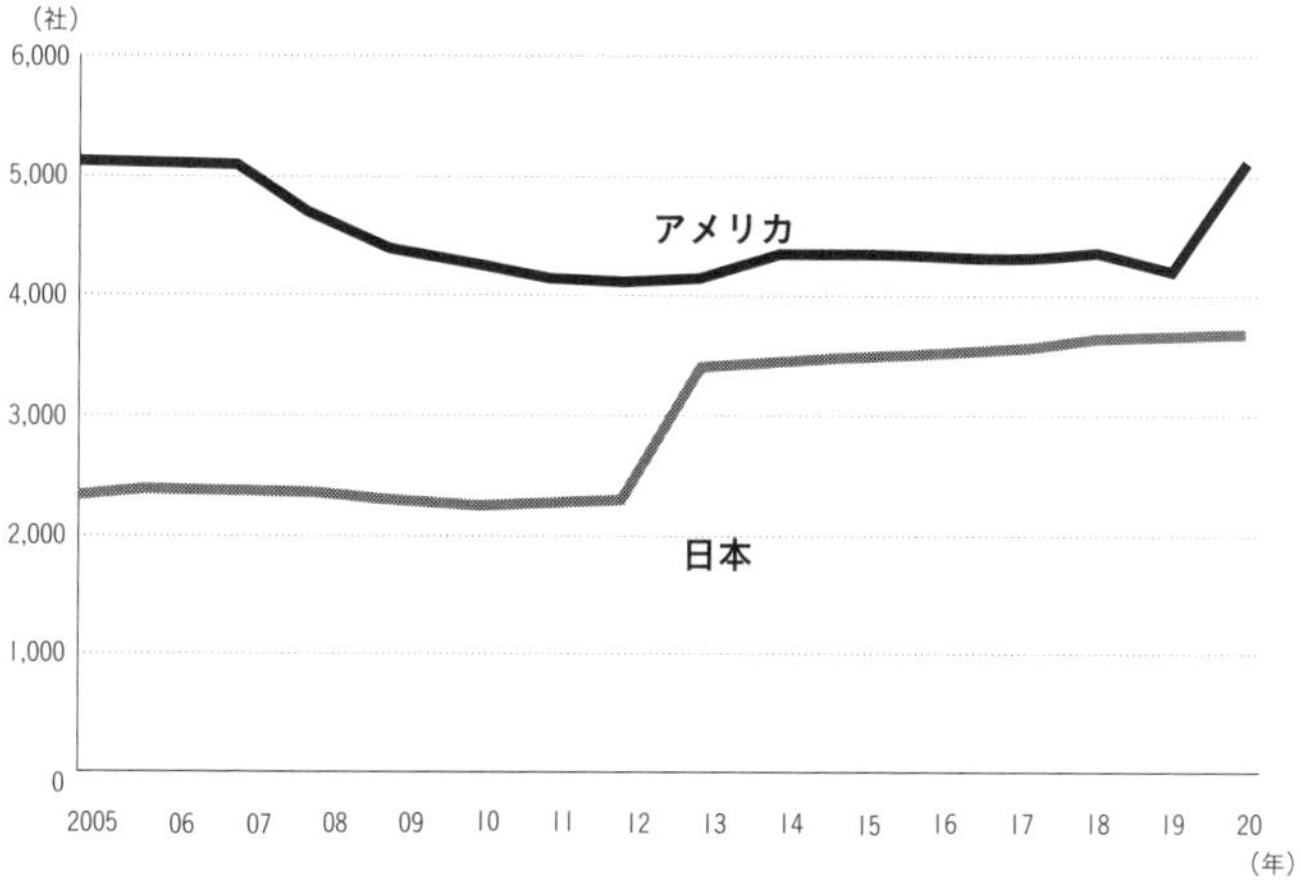

出典：data.worldbank より日本 M&A センター作成

こうした日米の差については、複数の要因が考えられるが、M&Aと紐づければ、アメリカではIPOをするような企業が戦略的に大企業にジョインする事例が増加傾向にある。成功した企業こそ、GAFAM（グーグル・アマゾン・フェイスブック・アップル・マイクロソフト）のような世界のトップ企業へのグループ入りを考えているということだ。

このように、目下のところ、M&Aにおいてはまだまだ遅れている日本だが、先ほど図表2-2で示したように、近年は徐々に件数が増加してきており、将来的には件数が3倍程度まで拡大するのではないかと私たちは考えている。

今後の世界において、ただ大量生産するだけ、今までと同じようなサービスを提供するだけでは、もはや企業が生き抜いていくのは難しい時代となる。今や商品やサービスには優れた付加価値は必須の要素であり、その実現のためには、別々の会社が提携してひとつになることで、新たなビジネスへ挑戦することが必要なのだ。

これからM&Aはますます活発になり、身近なものになるだろう。企業文化や風土の違う会社同士が理念を共有することでひとつのグループに融合し、競争ではなく協調によってビジネスを革新する。それによって1社ではできなかった進化を実現していくのだ。異なる企業文化の融合は、ダイバーシティや働き方改革の点でも意識改革をもたらすだろう。

日本国内だけでなく、アジアをはじめとする多数の企業が海外企業と提携する時代もすぐそこまで来ている。業界再編の波を越え、10年後にはより多種多様な文化と協調することが求められるようになるはずだ。

コロナ禍後の世界

アメリカと比べるとトップ企業の変動の少ない日本だが、コロナ禍を経て、国内の時価総額ランキングには変化の兆しが見られる。時価総額は未来を映す鏡だ。コロナによってＤＸが大幅に進捗する。外出が減り、巣籠もりが増える。アフターコロナにリベンジ消費がやってくる。

時価総額ランキングを見てみると、２０２１年にはキーエンスが2位、リクルートが6位、10位が日本電産となった。その後に、13位の任天堂、14位のダイキン工業、15位のソフトバンクや27位のエムスリーなどが続く。

エムスリーのような創業オーナー系の会社や、日本電産のように分野を絞ったＭ＆Ａを繰り返して成功している会社などが上位に出てきた。中でもリクルートは、Indeed の買収で大成功を収め、大きくランクアップしている。

近年成功している企業の特徴は、1つの事業を磨き続けてきた企業だ。日本電産は「モーター」、キーエンスであれば「センサー」、リクルートは「人材」、エムスリーは「医療」、任天堂は「ゲーム」に注力してきた。それに加えて、日本電産は2021年8月時点で67件のM&Aを実行したことが大きな成長のドライバーになっており、リクルートはIndeedの買収成功が日本を代表する企業になった大きな要因だ。M&Aが企業の成長にいかに重要かがわかる。

一方、世界のトップを走るGAFAMはどうだろうか。時価総額は東証一部・二部・ジャスダック・マザーズの合計を上回っている。約10年で12倍の時価総額だ。そして、たった5社で、この30年で約800件ものM&Aを実行している〈図表2-6〉。

マイクロソフトは262億ドルでリンクトインを買収し、グーグルは17億ドルでYouTubeを買収。前述したようにFacebookは10億ドルでInstagramを買収した。GAFAMで2019年は46社、2020年は33社もの買収を実行している。このM&A件数には、彼らの「経営者としての自信」も表れているように感じられる。世界のトップ企業がM&Aをこれだけ推進して成功しているのだから、日本企業ももう一歩、M&Aに踏み出すべきだろう。

グループ化している企業は、大きく成長を遂げている。東証一部上場企業で、丹下大《まさる》社長の率いるソフトウェアテスト事業が主力の株式会社SHIFTは、ＩＴ業界のグループ化を行っている中核企業だ。グループ化することで、企業として進化を遂げ、業界内で圧倒的に優位なポジションを築き上げている。

国内でも、グループ入りした企業のオーナーが口を揃えて話す言葉がある。

「急成長している企業に入って、本当に経営が楽しい」

これを機会に一度、どんな会社とグループを組むべきか、ぜひ考えていただきたい。

図表 2-6　世界の成長企業は、M&Aを積極的に活用

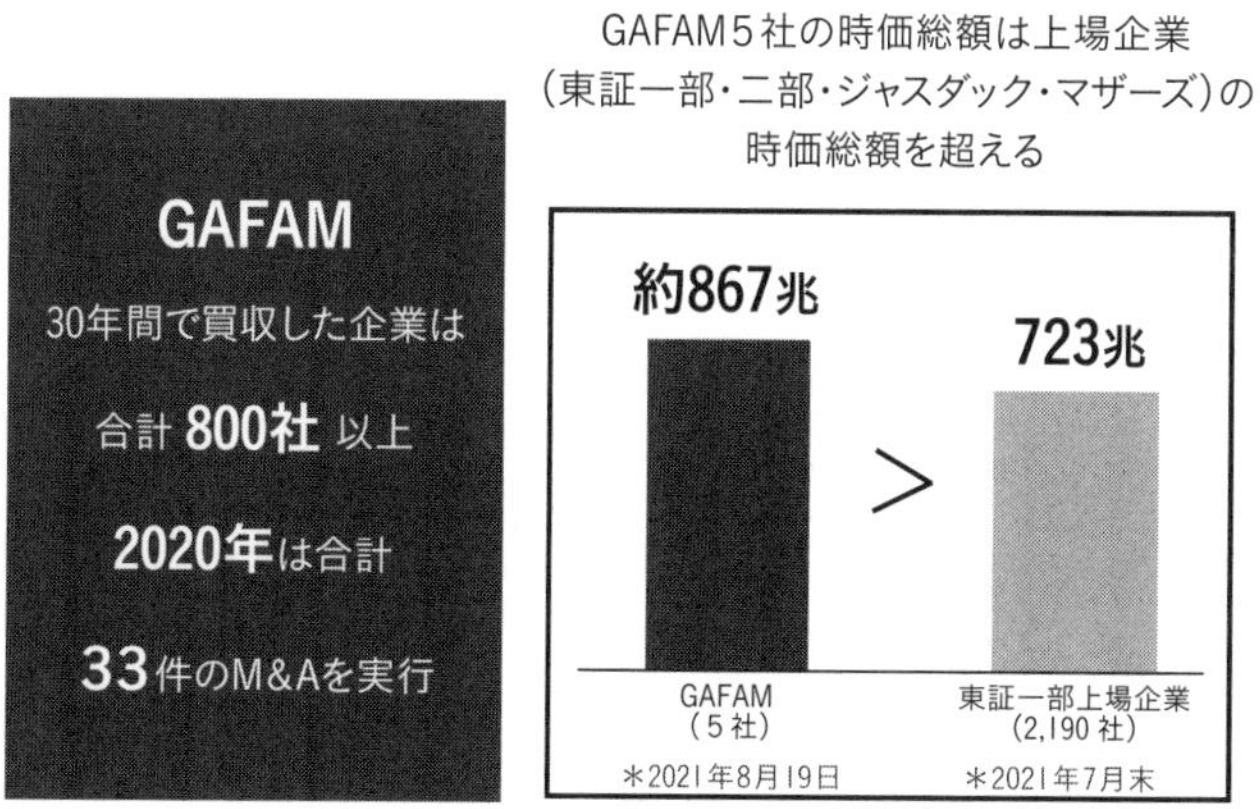

第3章

これからこの業界はこう動く
——業界再編の最新トレンド

ここでは、国内でM&Aの動きが活発な6つの業界について、それぞれの業界のスペシャリストたちが、事例を交えつつ最新の動向を分析・解説する

ＩＴ業界

Ｍ＆Ａコンサルタント：竹葉 聖

公認会計士試験合格後、有限責任監査法人トーマツを経て、日本Ｍ＆Ａセンターに入社。ＩＴ業界専門のＭ＆Ａチームの立ち上げメンバーとして５年間で１０００社以上のＩＴ企業の経営者と接触し、ＩＴ業界のＭ＆Ａ業務に注力している。２０１８年は京セラコミュニケーションシステムとＡＩベンチャーのRistのＭ＆Ａ、21年にはSHIFTとVISHのＭ＆Ａ等を手掛ける。

データから読むＩＴ業界の動向
——10年で６倍のＭ＆Ａ件数になっている秘密

この10年でＭ＆Ａはより身近で当たり前の選択肢になってきており、特にＩＴ業界においてはその傾向が顕著だ。

図表３-１-１に示したように、２０１０年、全業種を通じたＭ＆Ａの件数のうちＩＴ業界の割合が13％であったのに対し、２０２０年は35％にまで増加している。10年間でＭ＆Ａの総件数が全業種において右肩上がりである中で、ＩＴ業界のＭ＆Ａの件数割合が抜きん出て約３

図表 3-1-1　増加するIT業界のM&A件数

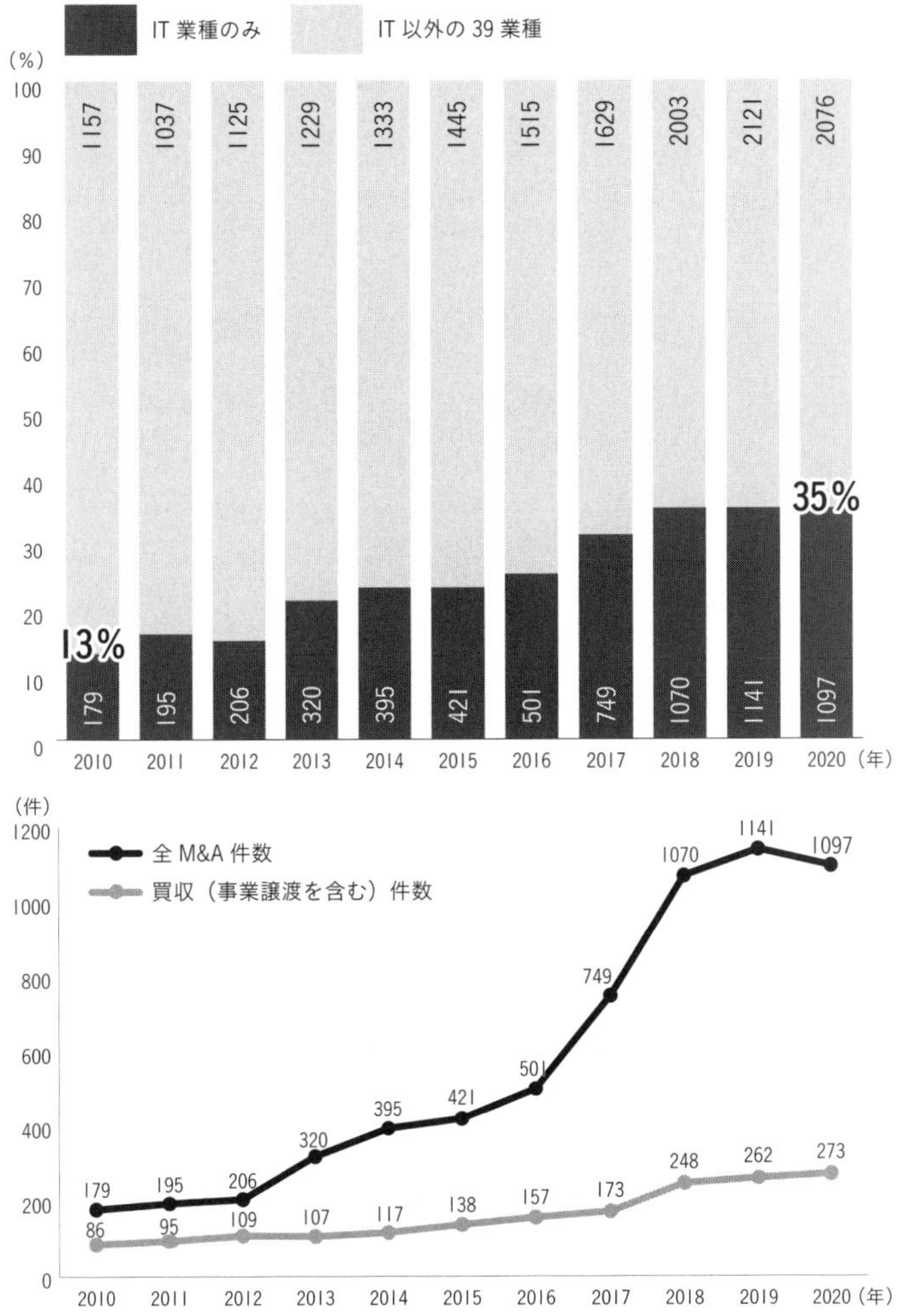

レコフM&Aデータベースより当社作成

倍に跳ね上がったことは、ＩＴ業界において特にＭ＆Ａが盛んである事実を裏づけている。

また２０１０年におけるＩＴ業界のＭ＆Ａは１７９件であり、２０２０年は１０９７件と、直近の10年で6倍以上の成約件数となっている。他業界と比較してＩＴ業界のＭ＆Ａ成約件数の上昇が際立っている背景にはＩＴ業界の特徴が大きく寄与しており、ここから今後の業界展望が見えてくる。

ＩＴ企業のオーナーは他業種に比べて、約10歳も株式譲渡の決断が早い

日本Ｍ＆Ａセンターには、上場している大手Ｍ＆Ａ仲介会社の中で唯一、ＩＴ業界に特化した専門チームが存在する。１９９１年の創業以来、３００社以上のＩＴ企業のＭ＆Ａをサポートしてきたが、そのデータを集計し、さまざまな角度からＩＴ業界を分析したい。


ＩＴ企業と他業種で比較した際、Ｍ＆Ａを決断する譲渡オーナーの年齢にどのような違いがあるのだろうか。結論から申し上げると、60歳未満で譲渡するオーナーの割合が全体の約60％を占めており、譲渡時の平均年齢は54・5歳という結果になっている。これは他業種に比べて約10歳も若い年齢だ。

このデータの背景としては、１９８０年から１９９０年前後に爆発的に企業数が増えた業界

であり、それから約30年たった現在、初めて事業承継のタイミングを迎えている業界であることが理由のひとつに挙げられる。また、他の業界よりも事業トレンドの移り変わりが早く、新しい技術のキャッチアップを図るために、早めに次の世代に経営を譲ることを考える経営者の方が多いことも影響しているだろう。

図表３－１－２は、ＩＴ業種のＭ＆Ａ成約時の譲渡オーナーの年齢構成割合だ。全体として平均年齢が若いことはもちろん、30代以下のオーナーが5人に1人いることも特徴的である。Ｍ＆Ａで企業を譲渡する理由は後継者不在問題に対する解決策が、かつてのメインだった。しかし、ＩＴ業種において30代以下で譲渡するオー

図表 3-1-2　譲渡オーナーの年齢別割合

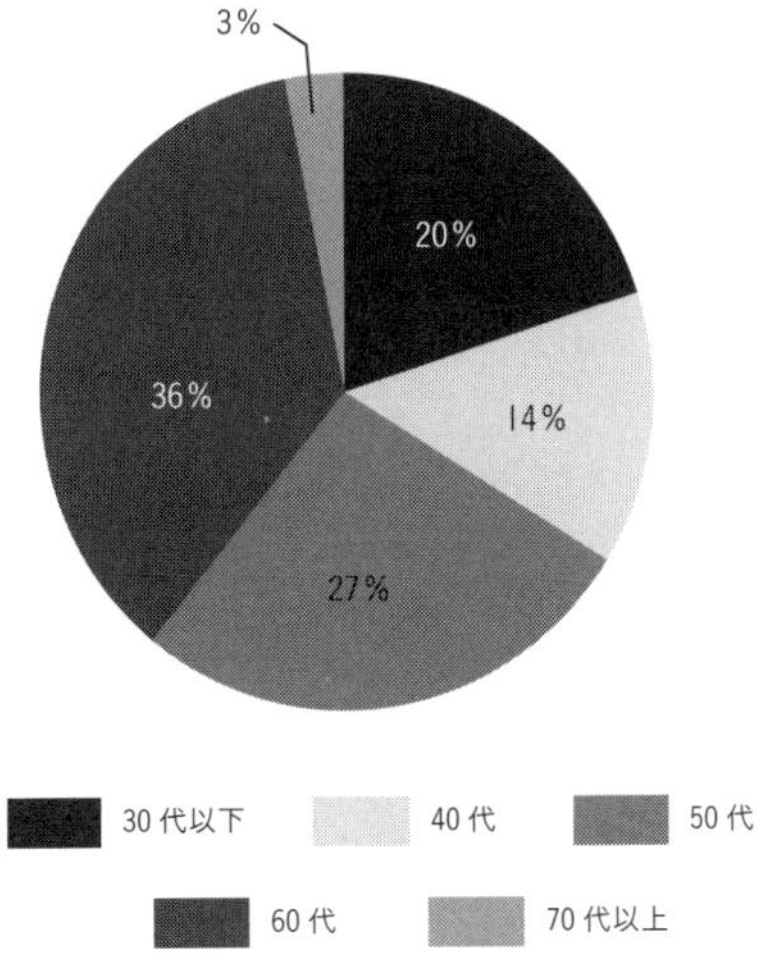

ナーの多くは成長戦略としてM&Aを実行する方が多いのである。

それを裏づけるデータとして、コロナ禍による緊急事態宣言下にあった2020年5月、当社がIT企業を対象に実施した意識調査のアンケートの結果をお伝えしたい。そのアンケートでは、86%の企業がM&Aに対してポジティブなイメージを抱いているという結果が出た。もちろんわれわれのポジショントークというご指摘もあるだろう。しかし、それを加味しても余りあるほど、ポジティブなイメージに驚かされる。これは業種別のM&A件数の推移において、IT業界の占有率の高さの理由にも直結しているだろう。

IT業界ではM&Aに対してポジティブなイメージを抱く企業が増加しているが、その理由として、IT業界がM&Aを通じて成長していることが挙げられる。IT大手の企業だけでなく中堅の企業までもが、当たり前のようにM&Aを戦略的に実行し、事業拡大を成し遂げている。業界において成功事例が多ければ多いほど、M&Aに対する評価がポジティブに変化することは想像に難くない。

株価は利益の6倍

M&Aを成功させるために大事な要素は大きく3つある。M&Aの相手、株価、M&A成立後の統合だ。その中でもここでは株価について、IT企業ではどのような評価方法が用いられているのか、またその相場の妥当性についてご紹介したい。

非上場企業における代表的な企業評価の方法には、主にコストアプローチ、マーケットアプローチ、インカムアプローチの3つがあるが、ＩＴ業界の株式価値算定方法としてよく用いられるのは株価倍率法（マーケットアプローチ）だ。非上場企業の評価手法として最もポピュラーであるコストアプローチ法が積極的に用いられない理由としては、コストアプローチは、企業の純資産価値に着目した評価手法であり、一般的に工場や土地・建物などの有形固定資産を保有せず、純資産が他の業種と比較してコンパクトな企業が多いＩＴ企業にとって、実態に即さないケースがあるためである。

もうひとつのインカムアプローチのＤＣＦ法があまり用いられない理由としては、ＤＣＦ法で最も重要な事業計画を譲渡企業が作成していないことがほとんどだからだ。作成してあったとしても事業計画の蓋然性の検証が困難であり、中堅・中小の非上場企業の株式価値評価には使用しにくいという点が挙げられる。

ＩＴ企業の株価は「EBITDA ×○倍＋ネットキャッシュ」の額がひとつの目安とされている。

EBITDA：営業利益＋減価償却費などの非現金支出費用

ネットキャッシュ：現金および現金同等物――有利子負債

買い手企業はEBITDAの何倍を事業価値として評価するかを検討する。

日本M&Aセンターの直近約60件のIT企業のM&A成約事例では、どのような倍率（評価）になるのか示したのが図表3-1-3のグラフだ（倍率50倍以上は除く）。

最も多い評価は5～8倍のレンジで、平均EV/EBITDA倍率は6・1倍という結果となっている。

買い手企業からは「5年で投資費用を回収することが条件」と耳にすることもあるかと思うが、その場合は全体の4割しか検討できず、残り6割にある優良な譲渡企業の検討機会を逃すことにもつながるため、本結果を基に投資基準が適切か検討いた

図表3-1-3　当社の直近のIT企業のM&A成約事例でのEV/EBITDA倍率

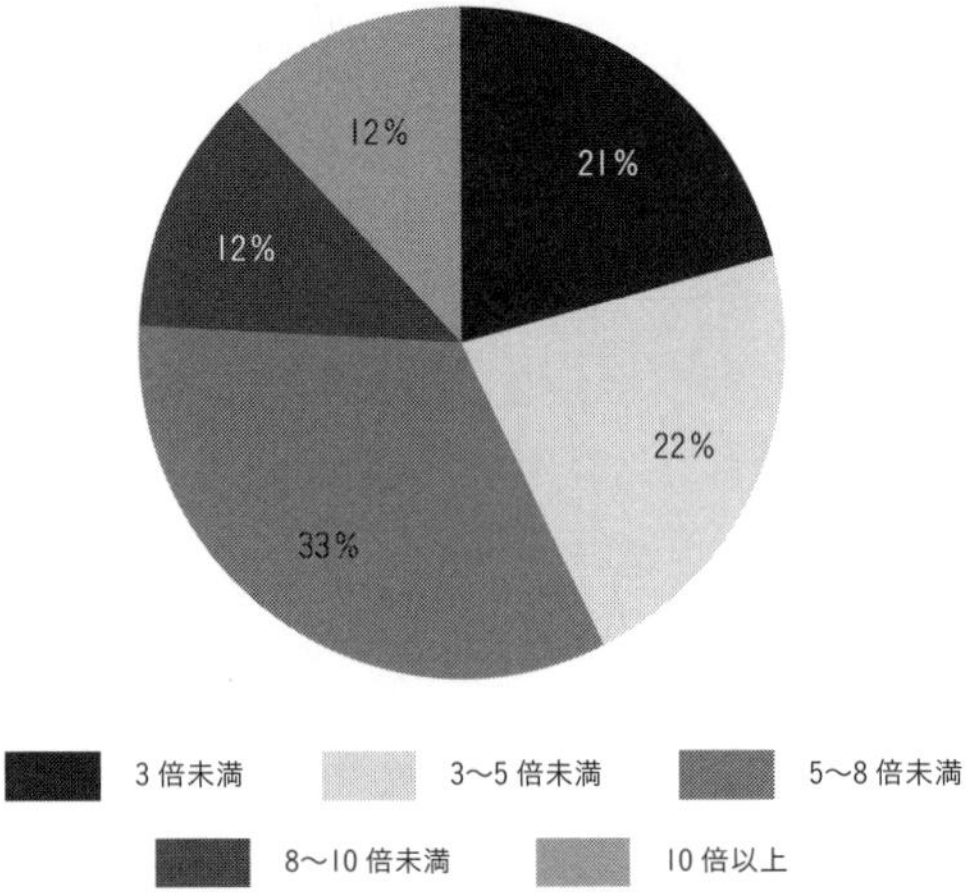

出典：当社仲介実績より（2021年2月）

だきたい。

ＩＴ企業の財務諸表から読み解く株価

　ＩＴ企業の財務諸表から実際の株式価値を知るにはどうすればよいのか。ＩＴ企業Ａ社を例に、具体的な数字を使って考えていきたい。

　図表３－１－４のＡ社の貸借対照表では、資産が２億９３２９万１０００円、うち現預金は１億１１９万円である。負債は１億７３４３万２０００円、純資産が１億１９８５万９０００円となっている。

　Ａ社の損益計算書について簡単に触れておくと、売上高が6億50万円、修正後のEBITDAが５５３０万６０００円であった。従業員は45名、オーナーの年齢は43歳。

図表 3-1-4　A 社の事例

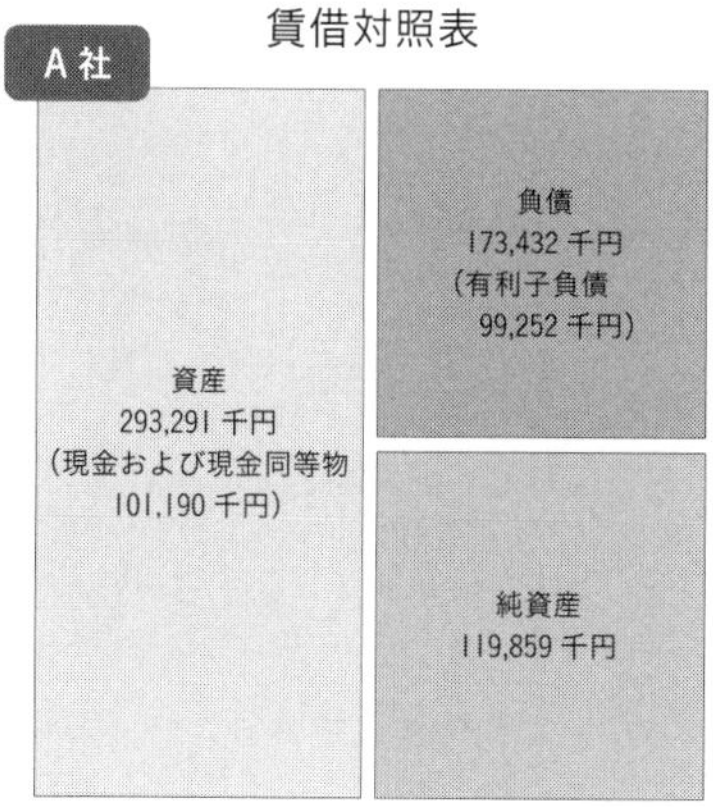

損益計算書

売上高	600,500 千円
修正後 EBITDA	55,306 千円

従業員数　　　：45 名
オーナーの年齢　：43 歳
社員の平均年齢　：30 歳前半

さて、あなたはA社の株価（全株式の評価額）がいくらになると予想するだろうか？　解答を見る前に一度読むのを止めてみて、株式評価額がいくらか、またどのような要素が評価額に影響を及ぼすのか、自身のお考えを整理していただきたい。

このケースにおける株式評価額は、3億6000万円となる。評価額の根拠において、最初に「評価額は売上高ではなく利益額を基に算出される」ということをお伝えしたい。A社の売上高は6億50万円だが、その数字ではなく修正後EBITDAの5530万6000円が計算の基になる。前述のように「IT企業の平均EV/EBITDA倍率は6・1倍」となり、ネットキャッシュは現金および現金同等物－有利子負債である。したがって修正後営業利益の5530万6000円より、株式評価額3億6000万円というのは現実的な数字である。

株式評価額に影響を与える要因は、大きく分けると5つの要因がある。

1つ目はエンジニアの使用言語だ。IT企業は慢性的な人材不足といわれるが、開発等に使用する言語は評価額に影響を与える。2つ目はエンジニアの平均年齢だ。A社では、実際に若いエンジニアが多かったことが評価額に影響を与えている。3つ目にエンドユーザーの職種が挙げられる。どのような職種・市場に対してのサービスを提供しているのかは今後の企業の発展に影響するため、評価額に影響を与える要因となる。4つ目に、ナンバー2の年齢である。ナンバー2の年齢が若ければ、継続的にその後もマネジメントを任せられると判断され、評価額にも影響を与えるだろう。5つ目は、採用率と離職率だ。これらはその企業の成長性・将来性を決める大きな要因であることは想像しやすいかもしれないが、実は株式評価額にまで影響を与えるという点に意外さを感じる方もいるのではないだろうか。

なお、評価額はあくまでも営業利益を基に算出されるという点に加えて、さまざまな要因によって上下する。また、これら5つ以外にも評価額に対して影響を与える要素は存在することを認識しておきたい。

カテゴリー別IT業界のM&A

ＩＴ業界とひと口に言っても、その実態は多種多様である。そこで、ここではＩＴ業界をさらに細かく分けることで、各ジャンルの特徴をお伝えしたい。便宜上、ＩＴ業界を「受託開発・ＳＥＳ」「パッケージ・サービス」「ＷＥＢ・デジタルマーケティング」の3つに分け、それぞれにおけるＭ＆Ａの特徴を紹介する。

①受託開発・SES

2020年はSHIFTとIDホールディングスの積極的な買収が目立った1年だった。SHIFTは2020年に6件のM&Aを実行し、2019年まで累計5件の買収実績があったIDホールディングスは、2020年の1年間で3件の買収を実行している。SHIFTは連結売上が約287億円（2020年8月期）の企業規模ながら、2020年9月に買収したホープスは売上50億円超である。また、IDホールディングスは連結売上が約264億円（2020年3月期）に対し、2020年に買収した3件の企業の売上高合算は50億円を超えた。

このように、コロナ禍においても着実にM&Aを実行している企業の動きが目立ったのが受託開発・SESの業界である。

②パッケージ・サービス

後継者不在を理由としたM&Aに加え、成長を加速させることを目的とした成長戦略型のM&Aも増加している。事業の成否とサービス導入のスピードの関連性が高いこともあり、市場シェアを早く伸ばすことは、経営者にとって最大の関心事である。

ただ、開発のスキルだけでなくサービスの業務知識が要求されるパッケージ・サービスの領域は、エンジニアの採用や育成のハードルが高い。そのため、提供サービスに需要があってもリソースが不足している企業は、大手の傘下にグループ入りすることで親会社の資源を活用し、うまく成長しているケースも増えている。

③ＷＥＢ・デジタルマーケティング

ＷＥＢ・デジタルマーケティング業界のＭ＆Ａの特徴は、上場企業や、またはそれに準ずるクラスの比較的規模の大きい企業とベンチャー企業の組み合わせが多いということが挙げられる。ＷＥＢ・デジタルマーケティング業界では、差別化のため独自性の強いサービスを提供し、ニッチ戦略を採る企業が少なくない。そういったサービスを有する企業を上場クラスの企業が買収することにより、既存のサービスとのシナジーを創出するような事例が多く見受けられる点が特徴的だ。

譲渡企業側にとっても、パッケージ・サービス領域と同じように、市場シェアをいかにスピーディーに獲得していくかが重要であるため、大手企業と組むことで成長スピードを加速させるメリットも大きい。

「一点突破型」の優良なサービスを持つベンチャー企業の隆盛と相まって、今後もＭ＆Ａ件数はさらに増加すると思われる領域だ。

具体的な事例として「株式会社アクアリング」と「中京テレビ放送株式会社」の事例を紹介する。このディールは当社でお手伝いさせていただいた案件だ。譲渡企業である株式会社アクアリングは、デジタルクリエイティブエージェンシーであり、幅広い領域のデジタルマーケティングに対応できることが強みだ。一方、譲受け企業である中京テレビ放送株式会社は名古屋地場のローカル放送局であり、放送事業のほか、WEBやイベントなど周辺事業の拡大を志向していた。地元テレビ局と地元デジタルエージェンシーによる、東海エリアのデジタルコミュニケーションの連携という素晴らしい組み合わせを実現させたM&Aディールである。

売上10億円規模のIT企業、不自由を解決するためのM&A

東京都内に本社を構えるNacky株式会社（社名・人物名などはすべて仮名）は創業約20年、事業会社の業務システムを大手SIerからの二次請けで開発している。従業員は約100名、社員の平均年齢は30代後半という企業だ。社長である中村啓一氏は、もともと大手IT企業のエンジニア出身。優秀なエンジニアとして活躍していたが、「日々、無謀な工数の見積もりの中でシステムを完成させるため、連日の徹夜業務が当たり前」という劣悪な職場環境に憤りを感じていた。

中村氏自身、社外からの評価も高く、懇意にしている取引先からは「独立してやってくれればもっと自由に仕事ができるだろう。仕事も発注するよ」と独立の勧めをたびたび受けていた。40歳を目前にして、自分の力を試してみたい、もっとエンジニアファーストの企業を作りたいという信念を持って、社内のエンジニア数名と共に、西新宿の雑居ビルの一室にて、資本金300万円で会社をスタートさせた。

面識のあった取引先からの仕事で日銭を稼ぎながらも、社長である中村氏自身が営業を手掛け、新規の案件を順調に獲得。「一人親方」としてスタートし、社長業・営業・現場のプロジェクトマネジャーとしてすべての業務をこなしながら走り続けてきた。20年という時が流れ、気がつくと約100名の従業員を抱える規模の会社にまで成長していた。

一見、順風満帆に見えるが、60歳を目前に「株の承継」と「後継の経営者」の問題が浮かび上がってきた。

新規サービススタートの壁

当初、創業メンバーの1人であり、中村氏の片腕であった取締役の手塚康人氏を後継者として考えていたが、手塚氏は中村氏の3歳下。経営を引き継いだとしても、すぐに後継者の問題に直面することは目に見えている。その下の世代である部長陣はまだ40代で、社長業にはまだ早すぎる上に、中村氏が保有する株式もそれなりの金額となっていたため、一従業員が引き受けることは現実的ではなかった。

そんな折、日本M&Aセンターから「事業承継」をテーマにしたセミナーの案内が、中村氏のもとに届いた。M&Aというワードは、ライブドア事件の際にテレビでよく目にしていたこともあり、あまりよい印象は持っていなかったが、事業承継のヒントになればと、同封してあった「無料個別相談の案内」にだけ申し込み、話を聞いてみることにした。

「口数は多いほうではないが、技術の話になると饒舌になる方」――個別相談において、私が中村氏と初めてお会いした時の印象だ。

中村氏からは先に挙げた株の承継、後継の経営者の問題に加えて、①社内の技術者の平均年齢が高くなりつつあること、②将来に向けて利益率を上げていきたい、という2つの相談も受けた。

IT事業者の8割以上は、事業会社に常駐してその企業のシステムを作る、いわゆるSES事業を行っている企業だ。そのため主な収益の源泉は、エンジニアの数とエンジニアのスキルセットになる。Nackyの従業員の平均年齢は30代前半だったが、毎年採用が苦しくなっていく問題があった。年間の採用費として数百万円を投じてはいたものの、資金力のある上場企業などが数億円の予算をかけて採用活動を仕掛けており、大企業と採用市場で争うことに限界を感じるのは至極当然といえるだろう。

過去に何度か、ＳＥＳの現場からエースエンジニアを選抜し、自社プロダクトの開発の立ち上げを試みたこともあったが、成功には至らなかった。エースエンジニアの稼働を止めて、自社サービス開発のための試行錯誤を繰り返すには、資金的・時間的な問題からも、企業規模として限界があったのだ。

また、過去にサービスの完成までは漕ぎつけたこともあったのだが、それを拡販するために営業メンバーを大量に採用したため、広告費用をかけることができず、大きな売上達成に至らなかった。現在、国内ベンチャー企業では、ひとつのプロダクトの立ち上げのために数億円規模の資金を投じている企業も多い。２０２０年のベンチャー企業１社あたりの平均調達額は3・9億円で、そのほとんどが採用と広告に投じられる。そのような企業と真っ向から勝負するのは現実的とは言い難い。

優秀な経営者ほど常に完璧を追求する

私からは、「近年のＩＴ業界のＭ＆Ａは、株式譲渡や後継者問題の解決のための手段だけでなく、採用強化や利益率の改善について、自社に足りないピースを埋める経営オプションのひとつとして活用されている」ということを説明した。また、M&Aで株を譲渡する企業の9割以上が黒字の優良企業であり、M&A後も社長が変わらず経営されるケースが多いことなど、事例を交えつつ説明すると、中村社長が抱いていたM&Aのイメージとは真逆の実態に非常に驚かれていた。

一度、ほかの役員とも相談したいということになり、Nackyも繁忙期に入ったことで期間が空く。

約半年後、「今期の決算も締まって過去最高益を記録した。まだまだ経営は続けていたいけれど、そう考えていたらきりがないので、このタイミングで株や経営の問題を解決したいから、M&Aで相手先を探してみようと思う」と中村社長から連絡をいただいた。

その後、M&Aに関するアドバイザリー契約を締結し、上場企業を中心に「①採用力が強化できる先」「②利益率の改善が図れる先」の2点をテーマに候補先を探すこととなった。好業績もあり、すぐに上場企業4社が手を挙げ、契約から約8カ月後、M&Aが実行された。

当社の本社で行われた株式譲渡契約書への調印の場で、中村氏がおっしゃっていた次の言葉が今も耳に残っている。

「約20年、経営者として常に会社をよくしようと思い、経営を続けてきました。株や後継者の問題を先送りにしていたのも、もっと自分の力で会社をよくしたいし、完璧な状態を追求していきたかったからです。ただ、そういう欲求にキリはない。今日、株式譲渡契約書へ印鑑を押す瞬間まで、迷いもありましたが、決心がつきました」

経営者は常に、会社をよりよくしていきたいという欲求を持ち続けている。健全経営であれば、M&Aによって株式を手放す積極的な理由はないのだ。中村氏のような経営に熱心な経営者ほど、迷いながら株式譲渡契約書への調印の日を迎えるものだ。事業が順調にいっている会社の経営者ほど、先送りにしている事業承継の問題に目を向け、自身でタイミングを作っていくほかないと実感している。

IT業界のM&A、未来予想

私は日本M&Aセンターで約5年、1000社以上のIT企業の経営者の方とお会いしてきた。経営者の方とのお話は、M&Aの話題にとどまらず、（優秀な）エンジニアがなかなか取れない、採用しても教える人がいない（エースエンジニアを現場から剥がす必要がある）、辞めた社員がネットに自社の誹謗中傷を書き込んで困っている、などの組織に関する課題だった。

2020年4月にM&Aのお手伝いをさせていただいたスタイルズ社（東京・神田）の梶原稔尚社長は、日々、海外の技術サイトを眺め、よさそうなツールがあれば、自ら英語で問い合わせ、技術をどんどん試していく。社長でもあり、第一線で活躍する現役の技術者でもあった。その梶原社長がおっしゃっていたのは、「これまでは受託開発モデルでお客さんのシステムを作り続けてきた、今後は、お客さんのサービスを作って終わりではなく、その成長を見届けたい」という言葉だった。そのような考えもあり、IT企業ではなく事業会社とのM&Aを選択された。このM&Aによって受託開発モデルからの脱却を図るきっかけとしたのだ。

2019年と2021年にM&Aをお手伝いさせていただいた東証一部のSHIFT社の丹下大社長は、前職は製造業のトップコンサルタント。非エンジニアだった丹下社長は、製造業のコンサルティングノウハウをIT業界に持ち込んで成功した。「M&Aによって、IT業界の多重下請け構造を破壊し、強い技術を持ったIT業界のフォックスコンを作りたい」ということを目標に、30件以上のM&Aを実施している。

丹下社長がいつもおっしゃっているのは、経営者の仕事は大きく2つ、①会社の方向性を決めること、②社員の年収を上げること。SHIFT社グループの従業員年収は毎年平均で10％ずつ上がっている。

スタイルズ社のように大企業の中で変革を起こす異業種とのM＆A事例、SHIFT社のように強い技術を持った「技術の総合商社」を作るためのM＆A事例（SHIFTモデル）。ＩＴ業界は今後、この2軸で変わっていくと考える。この戦略の実現のためにM＆Aが活用されると確信している。

物流業界

M&Aコンサルタント：山本 夢人

東京大学工学部卒業。野村證券を経て、土木資材メーカーの副社長として経営に参画後、日本M&Aセンターに入社。経営者としての経験を基に中堅・中小企業オーナーの立場に立ったM&Aを提案。2019年度全社MVP・全社最高売上を記録。

データから読む物流業界の動向
——物流事業の60％を占めるトラック運送業で業界再編が活発化

日本の物流事業（トラック・鉄道・海運・航空・倉庫など）全体の市場規模は約24兆円だ。その市場規模の60％である約14・5兆円を占め、約6万2000社で構成されているトラック運送業で、今、M&Aによる業界再編が加速している。

トラック運送業界の歴史は法改正と共にある。業界を大きく変えたのは、1990年の物流二法と呼ばれる「貨物自動車運送事業法」と「貨物運送取扱事業法」だ。これにより、免許制から許可制へと緩和され、参入障壁が大幅に低くなった。

１９９０年以前は4万弱であった事業者数は、10年間で6万事業者近くへと増加した。さらに２００３年には、貨物自動車運送事業法の改正によって、

①営業区域規制の廃止
②最低保有車両台数が各地域により5～15両であったものを全国一律5両に緩和
③運賃・料金の事前届出制が事後届出制に緩和

となり、自由競争の激しい業界となった。事業者数は２００７年に6万３１２２社まで増加したが、そこで頭打ちとなり、その後は微減となっている（２０１７年で6万２４６１社）。参入障壁は依然として低く、現在も激しい競争が続いている〈次ページ図表３-２-１〉。

注目すべきは、物流二法の改正が、これほどのインパクトを与えたということである。法律制定の背景としては、昭和60年代に、経済構造が重厚長大型から軽薄短小型へ転換したことで、物流に対するニーズも変容したことが大きかったという。

このように、時代の変化に伴い、さまざまなルール改正がされ、今後もさまざまな規制がか

図表 3-2-1　トラック運送業の現状とこれまでの発展

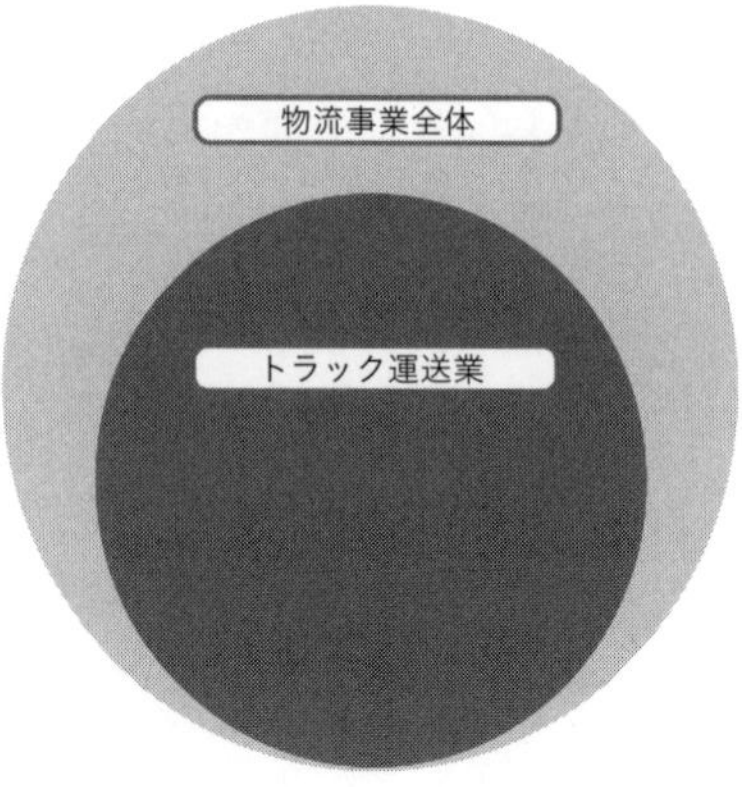

物流事業全体
（トラック・鉄道・海運・
航空・倉庫など）
の市場規模はおよそ **24** 兆円

トラック運送業の市場規模は
14 兆 4,578 億円
（全体の約 60%）

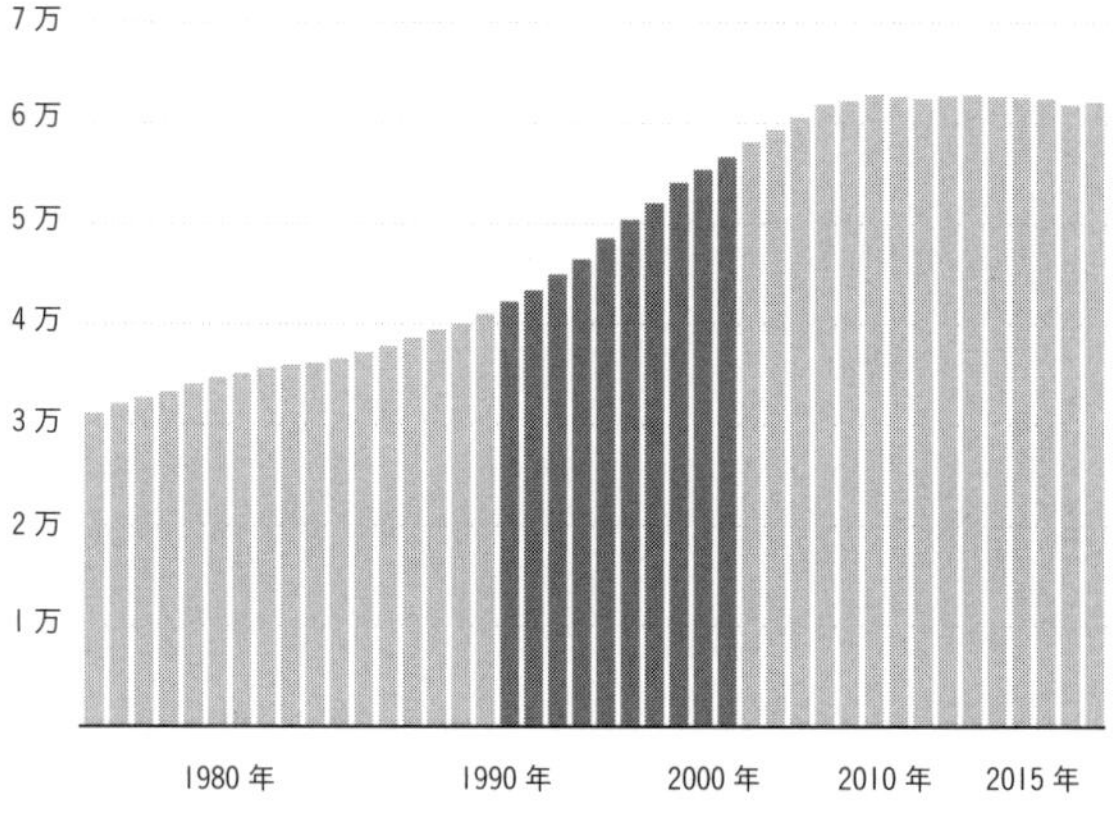

1990〜2000 年
新規参入事業者数 **21,252** 社

1990 年
物流二法の制定
・免許制から許可制へ
・参入障壁の緩和

出典：全日本トラック協会「日本のトラック輸送産業─現状と課題─2020」より

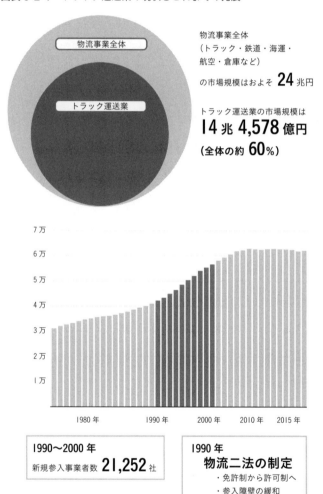

かることが予想される。働き方改革や排ガス規制などは近々の課題であろう。そのような状況下では、変化に強い経営体制と、業界の一歩先を見据えた戦略が必要不可欠となる〈図表3－2－2〉。

現在、約6万2000社で構成されるトラック運送業界は、次のような特徴がある。

・事業者数が飽和状態
・半数以上がトラック保有台数10台以下の中小・零細企業群
・平均売上2億3639万6000円、営業赤字14万4000円※
・業界全体の高齢化

図表 3-2-2　トラック運送業の今後

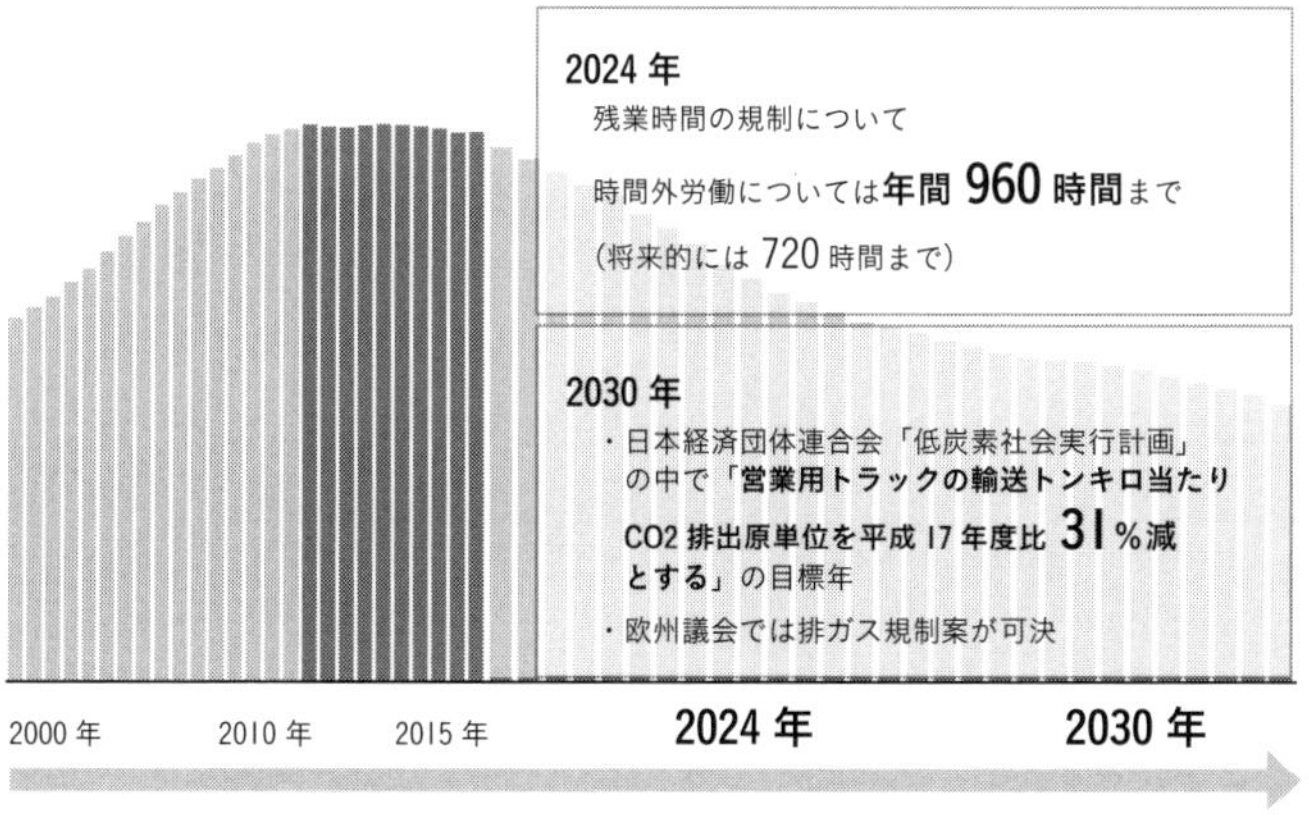
2024 年
残業時間の規制について
時間外労働については**年間 960 時間**まで
（将来的には 720 時間まで）
2030 年
・日本経済団体連合会「低炭素社会実行計画」の中で**「営業用トラックの輸送トンキロ当たり CO2 排出原単位を平成 17 年度比 31％減とする」**の目標年
・欧州議会では排ガス規制案が可決
2000 年
2010 年
2015 年
2024 年
2030 年

出典：全日本トラック協会「日本のトラック輸送産業―現状と課題―2020」より

※ 出典：全日本トラック協会「経営分析報告書 平成 30 年度決算版」

従来は起業すれば稼げる時代だったが、飽和のため他社との差別化を図るため独自の戦略を立てるのが急務となり、限られたパイを奪い合う形になった。そこで有効な経営手段としてM＆Aが増加している。

物流業界のM＆Aの2タイプ

現在の物流業界のM＆Aは、2つのタイプに大別される。後継者不在における〝事業承継型〟のM＆Aと、自社の成長のために積極的に大手と組む〝成長戦略型〟のM＆Aだ〈図表3－2－3〉。

成長戦略型のM＆Aでは、オーナー社長は株の譲渡後もそのまま社長を継続し、人材採用や燃料費などの交渉、その他あらゆる負担は資本提携した企業に任せ、自分自

図表 3-2-3　企業のライフサイクルと M&A のタイプ

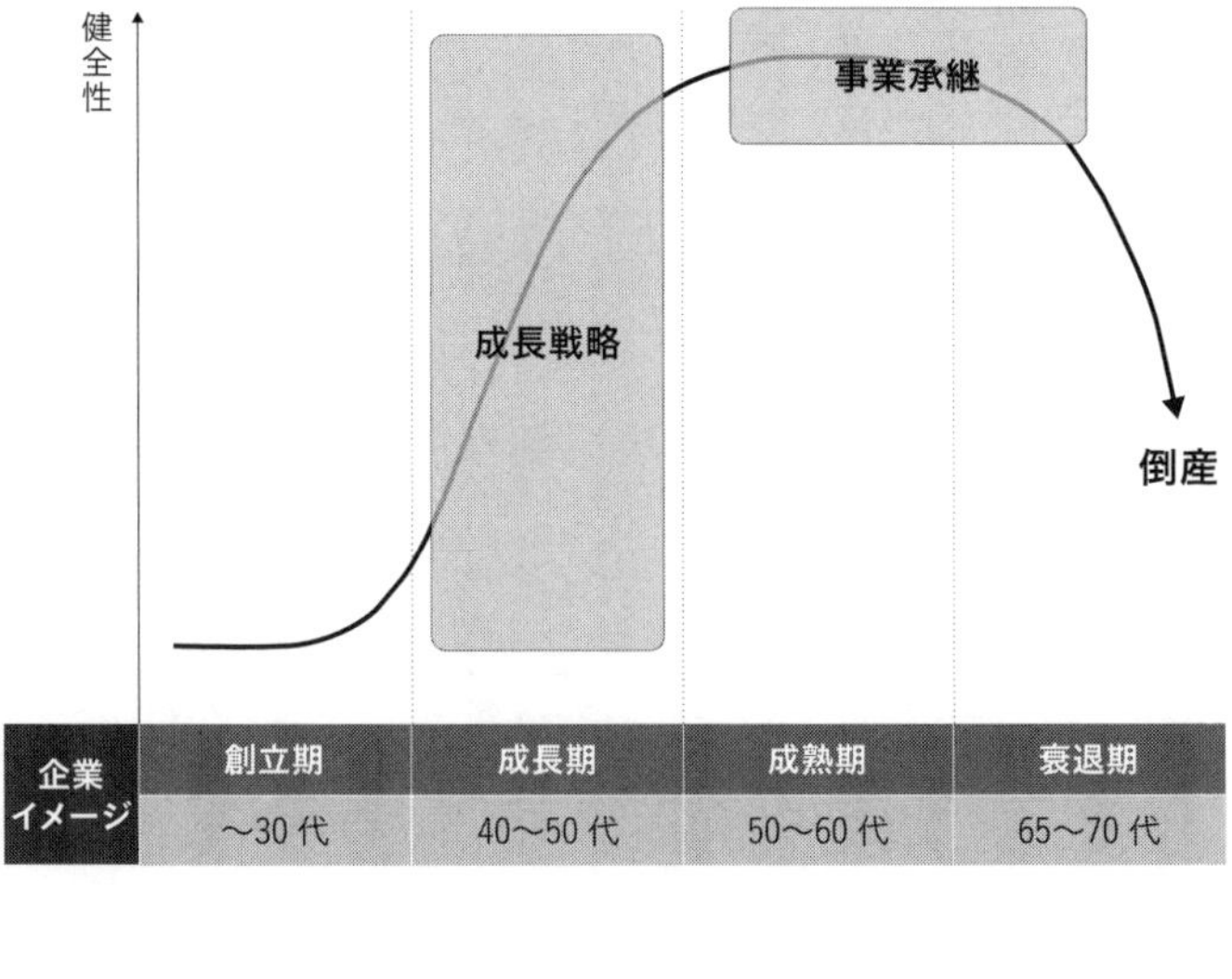

身は自社の成長のための陣頭指揮に集中することができるため、昨今注目されつつある。

後継者不在問題については、年々深刻化している〈図表3-2-4〉。「息子が違う業界に就職して戻ってくる見込みがない」「社内に息子はいるが、経営者になる気がない（もしくは素質がない）」といったケースが非常に多い。これらは主に物流二法改正後の10年間（1990〜2000年）で設立した企業に多いといえる。こうした企業のオーナーたちが、当時の日本企業の経営者平均年齢である38歳前後とすると、現在はほとんどが70歳前後となっており、今や物流企業の事業承継問題はほとんどの企

図表 3-2-4　トラック業界の後継者問題

（日本全体）
全国約 380 万社の中小企業
→70 歳以上の経営者が約 245 万人
→約 127 万社（51%）が後継者未定（60 万社は黒字）

この比率を段階の世代の数字に当てはめると……

10,839 社が後継者未定

↓

2 兆 5600 億円の仕事が
宙に浮く危機！
（一般貨物運送平均売上 236,396 千円）

※平均売上は全日本トラック協会「経営分析報告書平成 30 年度決算版」より

業が直面していることとなる。
日本企業全体から見ても、後継者不在率が51%となっており、物流二法の改正後に起業した2万1252社に当てはめると、1万839社の物流企業が後継者不在という試算になる。また市場規模に目を向けると、一般貨物自動車運送事業者の平均売上は2億3639万円であることから、約2兆5600億円という巨大市場が今後、宙に浮く可能性があるという計算になる。その取り方次第では業界構造が大きく変化し、自社のポジションも変化し、ゲームチェンジが十分起きうる状況だ。

続いて、成長戦略型のM&Aについて見てみよう〈図表3-2-5〉。これは比較

図表 3-2-5 会社の成長と M&A

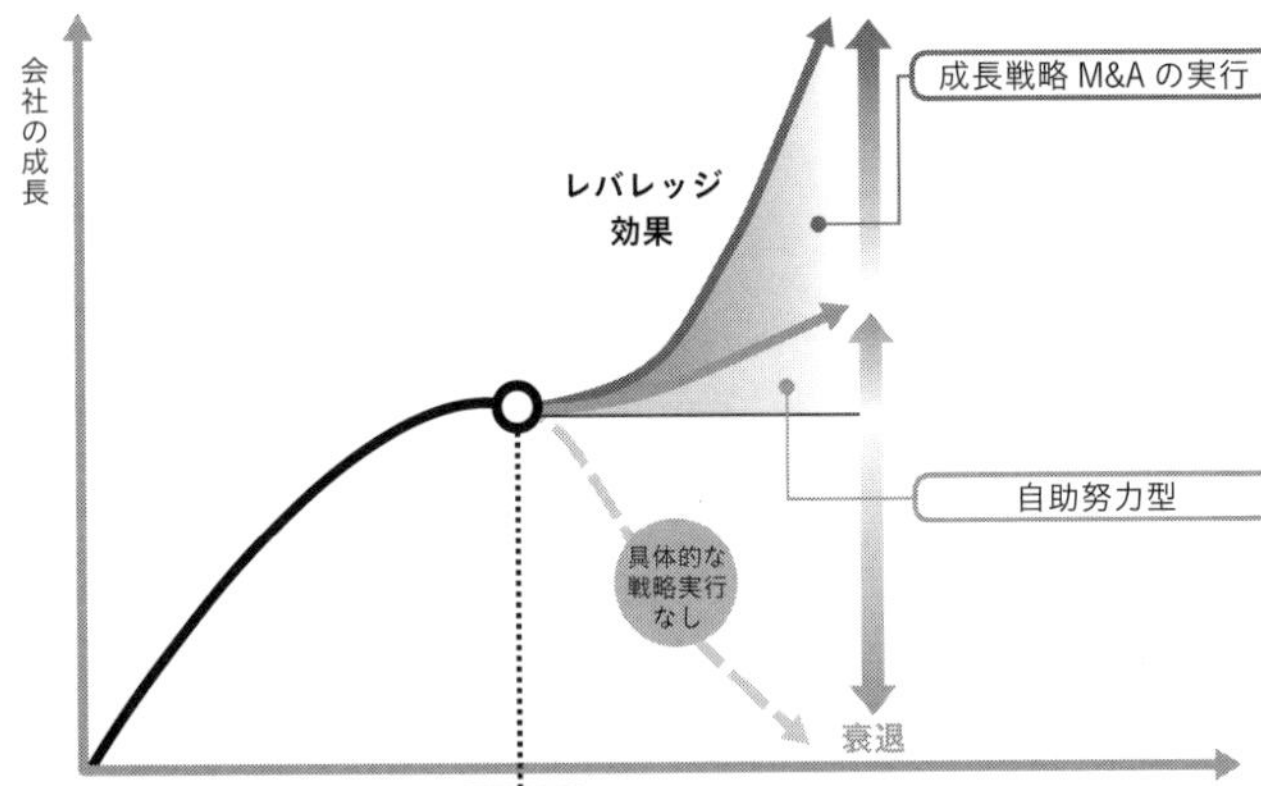

的若い30代から40代の経営者が積極的に選択をする手法である。

若い経営者は自分の中で思い描く将来像、こうありたいのだという姿がある。しかし、それを自助努力でやるよりも、より大きな企業と手を組むことによって、成長速度や成功確率を上げることができる。そう考えて提携を模索する方法だ。

この場合は、社長が社長としてそのまま続投するケースがほとんどである。これは「乗っ取り、ハゲタカ」とのイメージとは対極にある手法であり、むしろ譲渡企業が譲受け企業を〝選ぶ立場〟となり、好条件で譲受けされている方法である。

物流業界でなぜ活発にM&Aが行われているのか

日本経済を支える重要な役割を担う物流業界、それらに対応するために各企業は相当な努力をしている。顧客のあらゆるニーズに応えることのできる物流企業でありたい、ただそこには多くの課題と悩みがある。

・物流企業の慢性的な下請け体質（取引先依存体質）
・運賃の値上げがしにくい環境

・人材の高齢化、質のよいドライバーの確保難、他社からの引き抜き
・コンプライアンス対応（抜き打ち監査の恐怖）
・後継者不在（社員と経営者の絶対的壁）
・社長自身があらゆる業務を一手に引き受けてしまっており、諸々の改善にまったく時間を割けていない

経営者は皆、目指したい姿、目指す自社の在り方に対して理想を描いているはずだ。しかし、たくさんの課題が障壁となり、さらには2024年から始まる働き方改革の「時間外労働の上限規制」が大きな影響を及ぼしている。

これまでの長距離体質を改善しなければならず、より経営者の悩みを多くしているといえよう。長距離の解消のために拠点を増やそうにも土地建物等の情報が簡単には手に入らない、よいものがあってもすぐに資金が工面できない、とはいえ長くお付き合いしてきた取引先との縁を切ることは絶対にできない。何もできなければ2024年に時間切れが迫ってくる。それまでに他社と手を組もう、ということでM&Aという手法が使われ始めたのである。

これは何も譲渡側だけの問題ではない。譲受け企業にも同様の2024年問題への対応が必要であり、中間拠点獲得ニーズがあるなど、体制作りに躍起である。これらの要素が合致し、現

状は譲渡側も譲受け側もM&Aが有効な手段として浸透しつつあるのである。

今や日本はECが発展し、買い物に行く必要がなくなっている一方で、物流は多品種小ロット化が進み、複雑化している。業界ではプラットフォームを作った企業が利益を独占し、本当に経済の血液として支えているトラック10台以下の企業は、平均で営業赤字である。今後ますます、物流の複雑化が起き、さらには利益を生み出せる企業とそうでない企業の二極化が進み、K字経済化はさらに促進されていくであろう。

現状の課題は解決できないものではないはずだ。今後目まぐるしく変化する業界内で、M&Aなくしてはついていけない業界となるであろう。

物流業界M&Aのメリット・デメリット

まず譲渡企業のメリットだが、次のようなものが一般的だ。

・質のよいドライバーの確保（グループ企業と共に採用ができる）
・運賃交渉力の増強
・経費の削減（燃料費、トラック購入費、保険料など）
・DX化などの促進

・従業員のモチベーションの向上
・連帯保証の解除
・創業者利得の享受

さまざまなメリットがあるが、これらのメリットによって社員満足度や取引先からの満足度を向上できる〈図表3-2-6〉。希望をすれば継続して社長を務めることも可能であり、もちろん会長や顧問などで負担を軽くしながら会社運営に関わることもできる。細かな希望は相手探しを始める際に決めることができるのである。

譲渡企業1社に対して提案先は100社程度になることが多く、いろいろな希望を出したとしても、譲受けに名乗りを上げる企業は1～3社くらい出てくるのが一

図表 3-2-6　M&Aにおける会社とオーナーのメリット

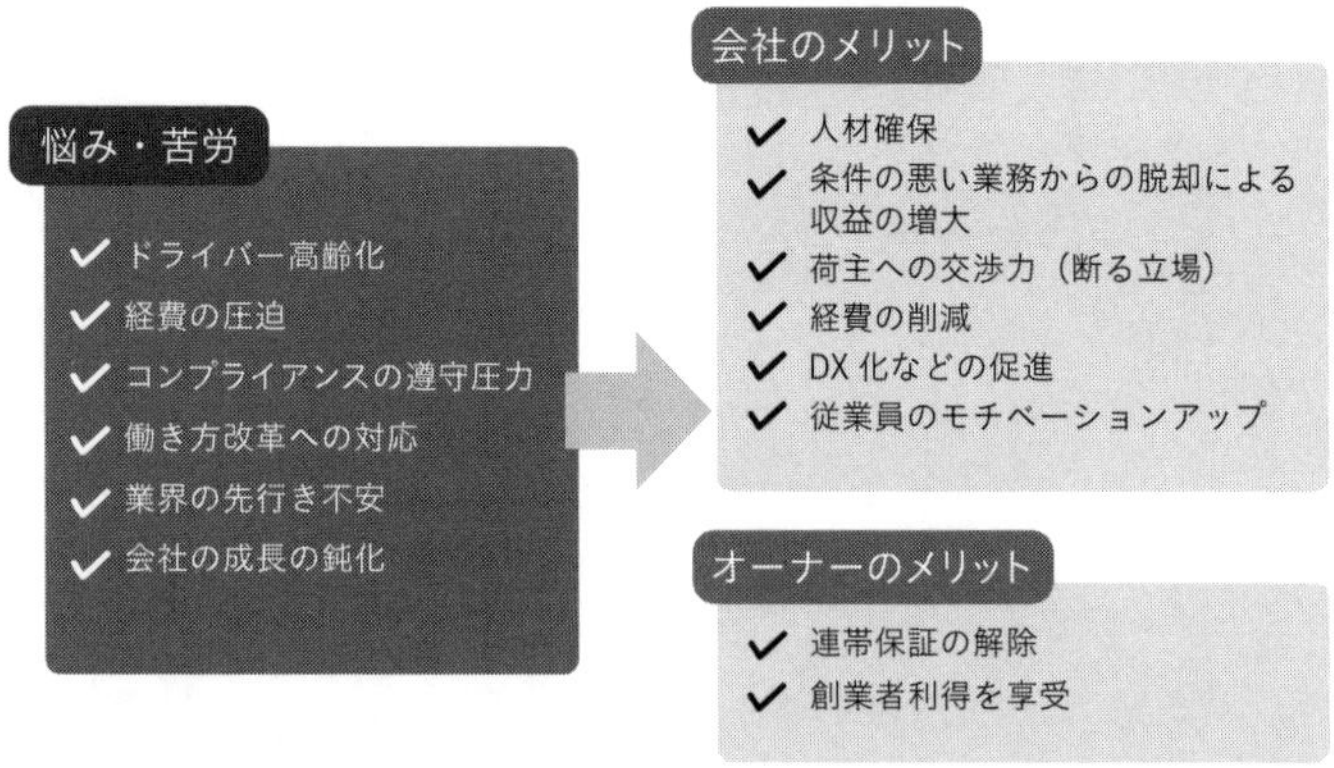

般的だ。人材採用は親会社と共同でできるようになり、条件のよくない交渉は断る勇気が持てるようになる。諸々の経費も親会社の力を借りることで大幅に減少する。ＩＴの導入も単体であればコストパフォーマンスを考えてしまい、なかなか導入へのハードルが高いものだが、これはスケールメリットを活かして解消できる。その他、福利厚生や新車の購入頻度の向上が期待でき、社員が気持ちよく働けるようになる。

グループとして荷扱い品目が増えることとなり、仕事の幅が広がるので、年齢や状況に応じて従業員の働き方を変えることも可能となり、それがモチベーション向上や定着率の向上につながることもメリットだ。

最後の2点はオーナー自身のメリットである。Ｍ＆Ａの際には、オーナーの連帯保証は必ず解除される。また、創業者利得を享受できる。前述した成長戦略型のＭ＆Ａにおいては、そのまま経営にも携わることができる。他社と手を組むことで、これだけのメリットが得られるのである。

デメリットとしては、これまですべて自分一人で決断できたことが、他者の意見を入れなければいけなくなることくらいである。ただ、これに関しても、最初は多少戸惑うものの、しばらくすると「経営者仲間が増えた」「相談相手が増えた」と捉える社長が多い。今や自分自身の利益だけを考えてM&Aを考える経営者は少ない。従業員や会社のため、取引先との関係継続のためなど、全体最適に注目して考えるのも時代の流れだ。

譲受け企業のメリットについては、「ビジョンの最短実現」――つまり長期的なビジョンに向かって最短ルートで進むことができる。自分の代で、どこまで成長をさせるのか。最短距離を走るためには、M&Aのようなレバレッジをかけた戦略が必須となる。

新規の物流拠点を作るとなった場合、土地を探し、トラックを集め、人を集め、営業所申請をする、といった多くの工数がかかるが、M&Aでは早ければ2カ月ほどで完結する。M&Aを利用し、売上30億円程度だった企業がたった5年で200億円企業まで到達する例もある。この企業は年間複数件のペースでM&Aを続けて成功させている。1件のM&Aで完結するのではなく、複数のM&Aを前提として、ビジョンに向かっていくことが重要である。

デメリットについて挙がるのは、油断をすると予期せぬトラブルが起きうるということだ。M&Aは譲受け企業が主体性を持って経営をしていかなければならない。そのため責任の大半が譲受け企業にかかってくる。最終契約をする前に買収監査でしっかりと実態を把握し、準備をしないと大きな落とし穴に落ちてしまう。これらについては、十分な経験と実績を持つアドバイザーが必要であろう。

物流業界では、一旦は２０２４年問題に向けて、さまざまな戦略を基に体制作りの動きが活発化するであろう。その後も再編の波はとどまらず進み、やがては成長期の後期に入っていき、中堅企業の譲渡のさらなる活発化、上位企業の統合が始まるだろう。

黒字企業経営者がM&Aを選択した理由とは

大阪府にある食品配送業のなみはや運送（社名・人物名はすべて仮名）は業歴20年を超え、トラックも30台以上を保有している。長期にわたる経営で、多くの得意先を持ち、業績もよく、財務優良な運送会社であったが、社長の岸谷亮介氏は66歳になった頃、漠然と今後の会社の将来について悩むようになっていた。

岸谷社長は四国に生まれ育ち、若くして運送業界に飛び込んだ。当初は会社経営などに興味はなかったが、30歳を過ぎて、同僚が次々と独立していく姿を見て「面白そうだ、自分もやってみよう」と32歳で一念発起して起業した。もちろん当時は若かったこともあり、稼ぎたいし、自分の思うように仕事ができる自由さなども魅力に感じていたことも事実である。

起業後は「とにかく走り続けた」と岸谷社長。自分自身で営業し、売上を作る。大きな借金を背負ってトラックを購入し、採用も自分で行い、人を増やす。事務仕事も含めて、気づけば自分でほぼすべてやってきていた岸谷社長は、65歳くらいで引退して趣味のカーレースや武道に没頭するのもいいかなと思いつつ、気づけば66歳になっていた。

昔から身体は丈夫なほうで、健康にも自信があった。元気な自分を見て周りは「引退なんてまだ早い」とも言ってくれる。確かに生活に困っているわけでもなく、このまま今の役員報酬を取りながら生活をすることは問題なくできた。ただ、「数年は問題なくても、一生は続けることができない」ということも冷静に考えて理解はしていた。


創業時と比べて物流業界は大きく変化した。物流の在り方を比較すると、過去は汗水流して荷物を運ぶだけで十分だった。顧客のオーダーに対して誠心誠意応え、昼夜問わず荷物を運ぶことで評価がされた。しかし、現在に至ってはそれだけでは通用せず、その品質や労務規制、トラックに関わる規制など、時代に応じて強制的に変化が求められてきた。同業他社では倉庫なども含めて総合物流を標榜し、あらゆるニーズに応えられるように体制を整えている企業も多く出てきた。

現状における自社の業績は悪くはないが、業界の変化やそのスピード感に圧倒されていたのもまた事実だった。このまま自分だけのことを考えれば、自分がやり続けることに何ら問題はない。ただ、自分に何かあったときや、環境の変化に対して会社を変化させなければいけないと考えたときに、自分がやり続けることが周りの従業員や取引先にとってよいことなのか。その点が疑問になってきた。元気ではあるものの、判断力などは鈍っていくのは間違いない、プラスよりマイナスのほうが大きくなっていくのではないかと思えてきたのである。

この時代の変化に沿うには、やはり若い世代の力が必要だが、社内を見渡せば平均年齢はちょうど60歳。とても次の世代を引っ張れる人材はいない。中途半端に幹部に任せたとしても、今の自分と同じ悩みに数年後にぶつかってしまい、根本的には何も解決できない。

岸谷社長は「会社の先々を考えれば考えるほど、不安な気持ちになりました。自分が作り上げた会社、一緒に働いてくれている社員、長くお付き合いをしている取引先の方々、関わる皆さんに迷惑をかけまいと、必死に経営してきましたが、引き継ぐにも適任がいるわけでもなく、最後には周りの期待を裏切ることになるのではと思っていました」と当時の心境を語る。

とはいえ、月日が流れるにつれ、タイムリミットが近づくのもわかっており、このまま手立てがないのであれば、「計画的に廃業をする」という選択肢も考えなければならないとも思いつつ、ずるずると時間が経ってしまった。

他人ごとと捉えていたM&Aに興味を抱く

そんな時、岸谷社長は、普段は目に留まらなかったM&Aに関するセミナーの案内を見て、何かピンとくるものを感じた。「M&Aなんて大手さんの話で、自分の会社は該当しないだろう」と思いながらも、周りでもM&Aが多いという話はちらほら聞いていた。そのため「話だけは聞いてみよう、情報は仕入れて損はないはずだ」とセミナー会場に足を運んだのである。確かに、今ではいろいろなところで無料でM&Aの情報が手に入る時代になっている。何となく「自分とは無縁」と考えていたために、その情報にはあえて触れなかった自分がいたのも事実だった。

セミナーは、「M&Aとは何か」という基本的な考え方から始まり、物流業界のM&A動向、事例などについて解説する内容だった。岸谷社長が驚いたのは、登壇者が事例として紹介していた企業の話がすべて自社と同等の売上の企業であることだった。当初、自社には縁がないと考えていたが、むしろ自分のような規模の企業こそ、M&Aが活発に行われている層であることに気づかされたのである。

このセミナーを契機に、私と面談を行う運びとなったのだが、最初の面談において岸谷社長の状況・要望・財務内容をお尋ねし、岸谷社長から、「今はいいけど、結局ほかに手立てがないのであれば、計画的廃業も選択肢のひとつと考えなければならないのか？」とのお話があり、私は「この内容であれば、廃業なんて絶対に選択しないほうがいいです」と率直な感想を申し上げた。その言葉に岸谷社長は驚いた様子だったが、ご自身で可能性を感じたという直感を信じ、また、「嫌なら途中でいくらでも引き返せるだろうから」との思いで、M＆Aに向けて踏み込んで進めることとなった。

以降は具体的に、譲受け候補先企業の精査、提案資料の作成、提案企業の選定という流れで進め、M＆Aセンターに在籍する税理士や会計士、弁護士、司法書士など、それぞれの視点で会社を見ることになった。それに加えて、今までの運送企業のM＆A事例の中からいろいろなチェックポイントや確認事項があり、運送業としてのヒアリングが詳しく行われた。

これにより提案資料を作り上げ、岸谷社長からの条件である、①従業員の雇用が継続してもらえること、②取引先と友好関係が継続できること、この2つを盛り込んだ。結果的に100社以上の候補先が出てきた。同じ運送会社、食品メーカー、商社などいろいろな候補先があり、「これだけの企業がM＆Aに興味を持っているのだなぁ」と新鮮に感じたという。候補を通じ、コンサルタントと意見交換をしつつ、実際に手を挙げた企業の中から1社と面談をする運びとなった。

相手企業は別の地域で同じ食品配送を手掛ける企業で、社長は40代の若手経営者でありながら人間的にも思いやりを感じさせる人物だった。1時間程度の面談にて、同企業の新たな物流スタイルを聞いた岸谷社長は、同じ業種でも先をいっている企業だなと圧倒されたと語る。自分と違う考えを持っている人であったが、それがまたよいと感じ、会社を任せるには十分な相手だと、基本合意を締結。買収監査の実施を経て、最終契約の締結と進む。結果として、基本合意時の条件をまったく変更することなく条件が最終決定した。

十分に納得した上で成約式に臨む

成約式当日を振り返り、岸谷社長は次のように語っている。

「何だかすがすがしい気持ちでした。寂しい気持ちになるかと思いましたが、思いのほか、からっとしていました。自分の中で本当に納得しきっていたからだと思います」

成約時に堅い握手を交わした後、従業員や取引先に開示を行い、無事にM&Aが成された。従業員は社長の決断に対し、初めてのことに戸惑いはあったが、譲受け企業の社長とも会い、丁寧な説明を聞くことで安心感を持ってくれた。今後は仕事の幅が広がり、やりたい仕事にチャレンジできるかもしれない、と好意的に捉えてくれたという。取引先には「社長、よかったね！　お疲れさま」と言ってくれる企業もあり、こちらもポジティブにM&Aを受け入れてくれた。当初、選択肢として考えていた〝廃業〟を選ばなくて正解だったと本当に感じた瞬間であった。

M&A後、1年が経過したが、アナログ体質だった同社はIT化が進み、事務員の作業負担が大幅に減少したという。また、双方それぞれの顧客を紹介し合うことで、新たな取引が生まれた。保険料やトラックの購入費など、さまざまな経費が様変わりしていった。会社が新たなステージに進んだことを岸谷社長は実感しているという。現在も顧問として在籍はしており、必要あれば会社のために関わることもできている。会社もマル、従業員にとってもマル、取引先にとってもマル、自分自身もマル。本当に満足のいく結果となった。

晴れて67歳を迎えた岸谷社長は、自らの人生を振り返り、「従業員として事業会社で働いていた頃が第1幕、起業して会社を経営していた第2幕、そしてこれから人生の第3幕が始まる」のだとワクワクした表情で語ってくれた。「プライベートの趣味を楽しみにしつつ、会社の成長を陰ながら見守っていきたい、すべてのことに感謝しています」と安堵の表情を浮かべる。

よりよい物流業界のために

「物流を制する者は業界を制す」――物流業界専任のM&Aコンサルタントとして日々中堅・中小物流企業の経営者と相対する中で、ひしひしと感じていることである。1980年代、現在の大手物流企業は歩合制でドライバーを集め、血気盛んに競わせた。1000万円を超える給与を獲得し、誇りを持ったドライバーが日本の経済成長を支えた。そして、大手で育ったドライバーは規制緩和と共に独立した。

大手から独立し、自身が経営者となり、理想の物流を作り上げようとした矢先に待ち受けていたものは、たび重なる規制、厳しい業界構造である。参入障壁は低いものの、その後のサポート体制はなかなか機能しきれていないというのが現場の声だ。未来を見ていた視線はいつしか、内向き内向きとなってしまっていた。

本来、物流業界はとても偉大な業界である。物流なくしては、ほとんどの産業が成り立たず、私たちの生活に多大な影響を及ぼす。朝も昼も夜も、私たちの休んでいる間も留まることなく日本を支えるとても尊い業界である。だからこそ、今後の変化を求められ、そして期待されているのだ。

世の中のニーズに応えられる物流を作り上げるのに、今までのようにしのぎを削り合っている場合ではない。これからは競争ではなく、協調することが大切である。M&Aはその経営手法のひとつの手段にしかならないが、使い方次第では、非常に有効な経営手法となる。

業界再編は一度起きると留まることがない。今後、目まぐるしく変化する物流業界で、まずは一歩を踏み出して情報を集めてみることで、自社の新しい一面が発見できるかもしれない。経営者が勇気を出して踏み出した一歩が、やがて会社の将来にとって大きな一歩となり、物流業界の発展につながることを切に願う。

製造業

M&Aコンサルタント：藤川 祐喜

1984年生まれ、大阪府出身。大阪府立大学大学院工学研究科修了後、キーエンスにて大手自動車メーカー等の工場の生産ライン改善のコンサルティング営業に10年間従事し、日本M&Aセンターへ入社。入社後は製造業界支援室の立ち上げに参画し、製造業M&Aの専任担当として全国の中堅・中小企業の支援に取り組んでいる。

データから読む製造業の動向
——中堅・中小製造業の現状とM&A事例

日本の製造業は、長い年月をかけて特定の業界や顧客に力を注ぎ続けた結果、その実績と信頼をベースに安定経営をしている中堅・中小企業が非常に多く、それらの企業が日本のものづくりを支えている。「求められた製品を、定められた納期で必ず納める」という当たり前のことの積み重ねが、色褪せない「ジャパンブランド」を作ってきた。

一方、図表3－3－1には当社が実施した中堅・中小企業経営者の意識調査の結果を示した

図表 3-3-1　製造業における新型コロナウイルスの影響

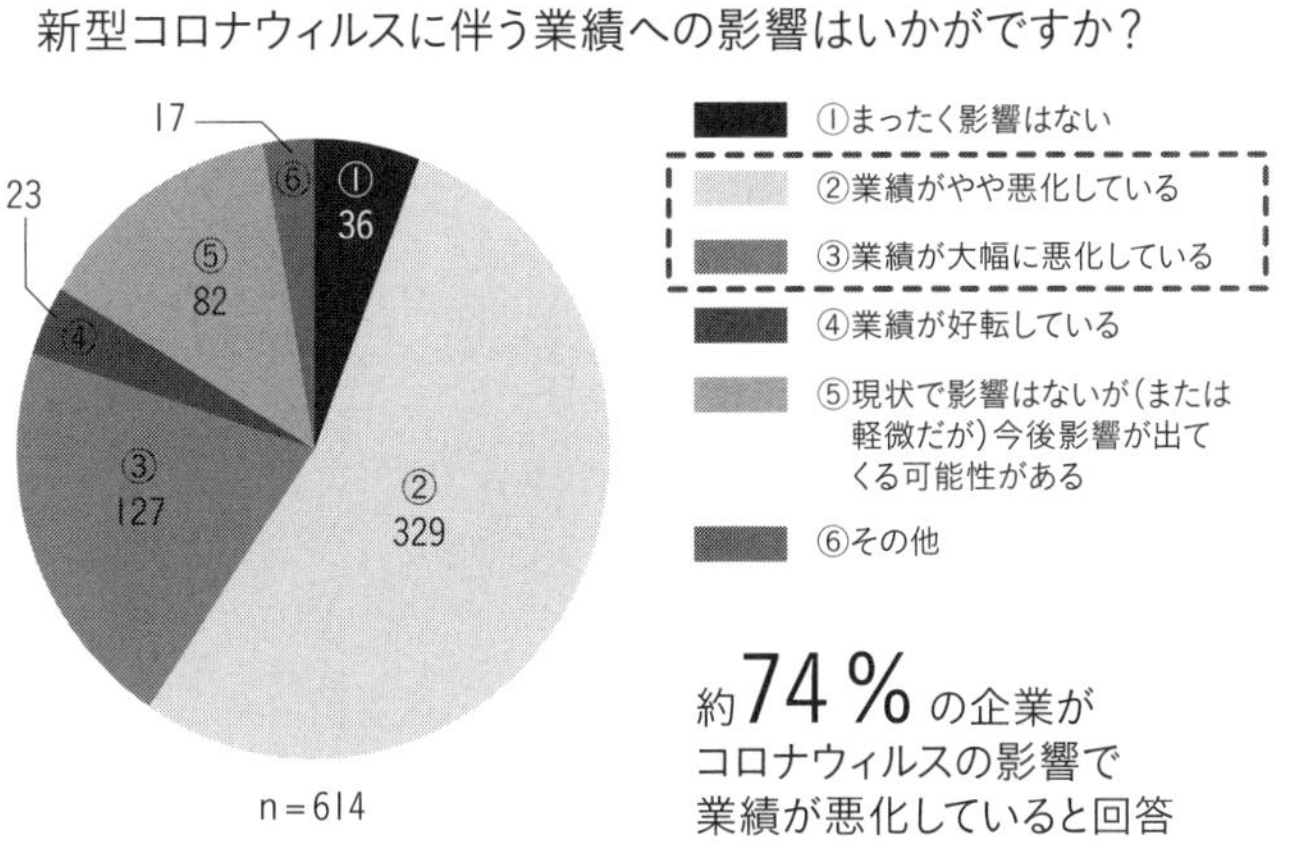
新型コロナウィルスに伴う業績への影響はいかがですか？
①まったく影響はない
②業績がやや悪化している
③業績が大幅に悪化している
④業績が好転している
⑤現状で影響はないが（または軽微だが）今後影響が出てくる可能性がある
⑥その他
① 36
② 329
③ 127
④ 23
⑤ 82
⑥ 17
n＝614
約74％の企業がコロナウィルスの影響で業績が悪化していると回答

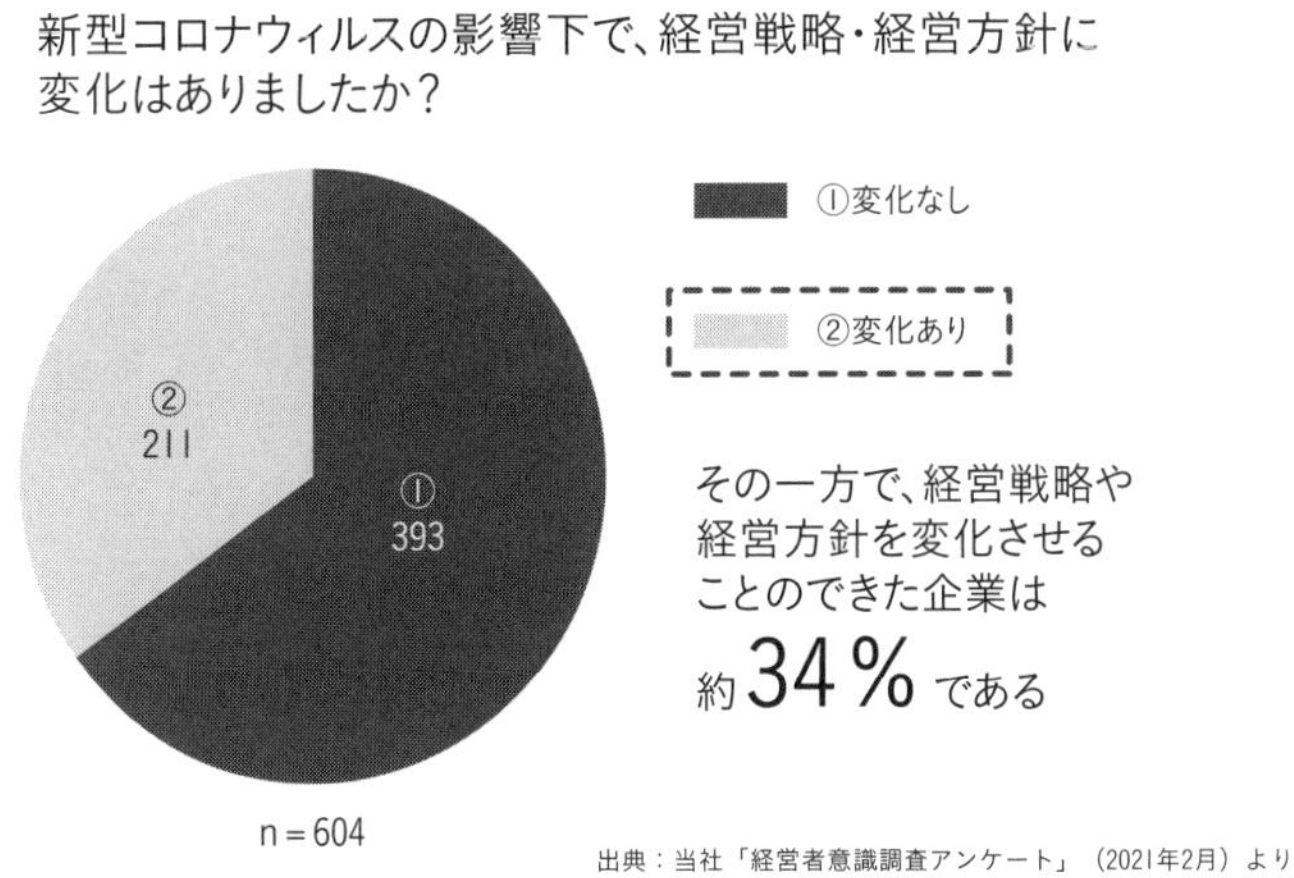
新型コロナウィルスの影響下で、経営戦略・経営方針に変化はありましたか？
①変化なし
②変化あり
① 393
② 211
n＝604
その一方で、経営戦略や経営方針を変化させることのできた企業は約34％である

出典：当社「経営者意識調査アンケート」（2021年2月）より

が、ここからは、ある業種・取引先への「依存体質」からなかなか脱却できない企業や、環境変化に合わせた業態転換を苦手とする企業が少なくないという現実も読み取れる。このパートでは、まずそれらの解説からスタートしていきたい。

コロナ後の製造業は、「耐え忍ぶ企業」と「変化する企業」の二極化へ

2020年のコロナショック後、3分の2以上の中堅・中小製造業は「昨年より業績が悪化した」と答えたが、その一方で、「経営戦略の方向性を変えた」と回答した企業は、わずか3分の1以下に留まっている。

どの企業も必死に経営努力を重ねていることは間違いないが、未曽有の経済危機においても、変化できる企業はごく一部であり、単独経営の企業のほとんどは、限られた武器で耐えしのぐことが精一杯なのかもしれない。裏を返せば、それだけ企業が変わることは難しいともいえる。

ひと昔前の企業成長は、金融機関からの資金調達を通じて、絶えず設備投資を行うことで、レバレッジをかけて生産能力を増強（売上アップ）し、現場改善（コストダウン）を追求することが王道だった。しかし、近年においては設備投資を通じた従来の延長線上での成長ではなく、ビジネスモデルや会社の在り方そのものを変えていく必要に迫られている。

前述の意識調査においても、図表3-3-2に示すように、経営者が認識している主な課題

図表 3-3-2　製造業の経営課題

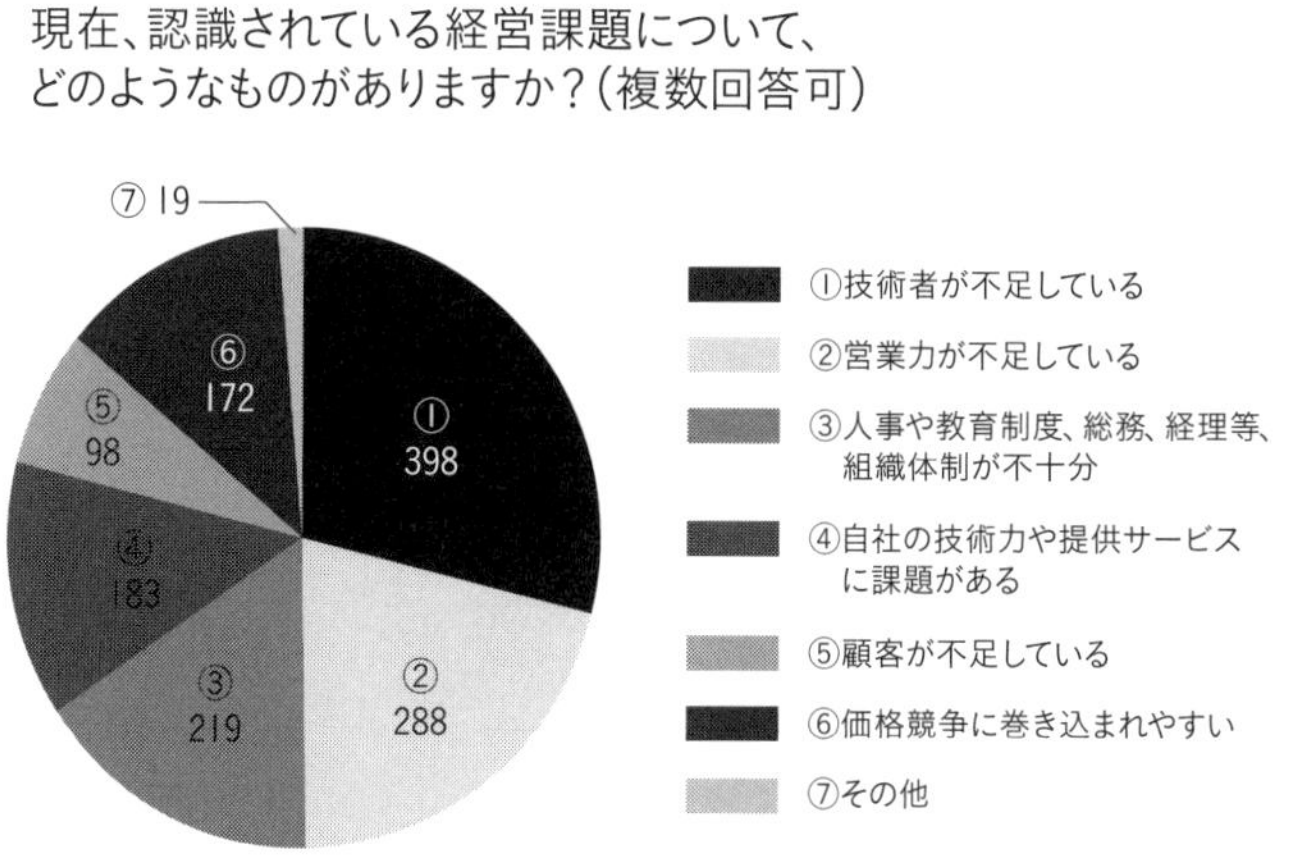
現在、認識されている経営課題について、
どのようなものがありますか？（複数回答可）
⑦ 19
⑥ 172
⑤ 98
④ 183
③ 219
② 288
① 398
①技術者が不足している
②営業力が不足している
③人事や教育制度、総務、経理等、組織体制が不十分
④自社の技術力や提供サービスに課題がある
⑤顧客が不足している
⑥価格競争に巻き込まれやすい
⑦その他

出典：当社「経営者意識調査アンケート」（2021年2月）より

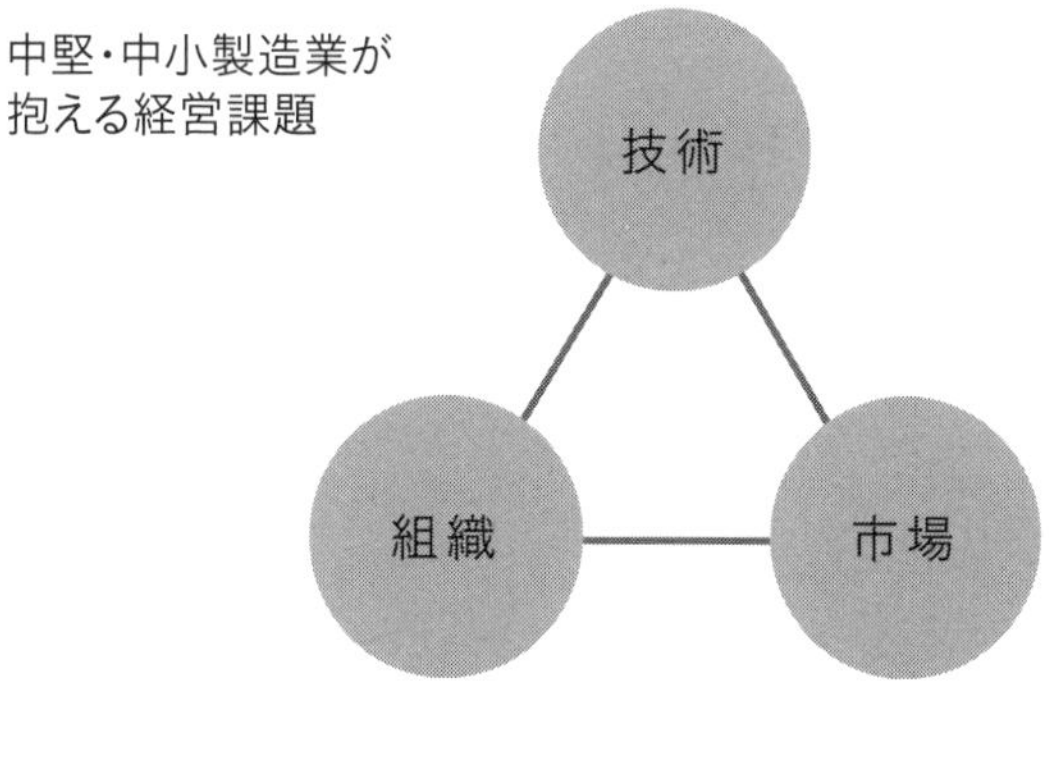
中堅・中小製造業が
抱える経営課題
技術
組織
市場

は「技術」「組織」「市場」の3つだ。これらの課題に本腰を入れて取り組むためには、優秀な人材や幅広いネットワークが必要であり、資金調達だけではメスを入れることができない。実際に多くのオーナー経営者とお会いする中で、浮かび上がってきたこれら3つの問題について解説する。

①技術の問題：単一の技術だけでは戦えない時代に

「餅は餅屋」という言葉がある。「美味しいお餅」をとことん追求する職人志向は、良質なものづくりを実現するために大切な要素であることは間違いない。

他方、ものづくりの技術が成熟し、人に依存せず品質のよい商品を作ることのできる時代においては、「魅力的なお店作り」や「他の甘味も組み合わせた商品提供」など、売り方や提案の幅を広げていく商人志向が今後は求められる。

ここで、単一の技術で戦うことが今日、非常に難しくなってきていることを、工場設備の設計・製作を手掛ける「省力機械メーカー」を例に挙げて説明したい〈図表3-3-3〉。

さまざまな工場内設備（各種専用機・ロボット・コンベア等を含む）を顧客要望に応じて、オーダーメイドで設計・製作する省力機械メーカーは、各々が得意な業界・機械分野を独自に有し

図表 3-3-3　単一の技術だけでは戦えない時代に

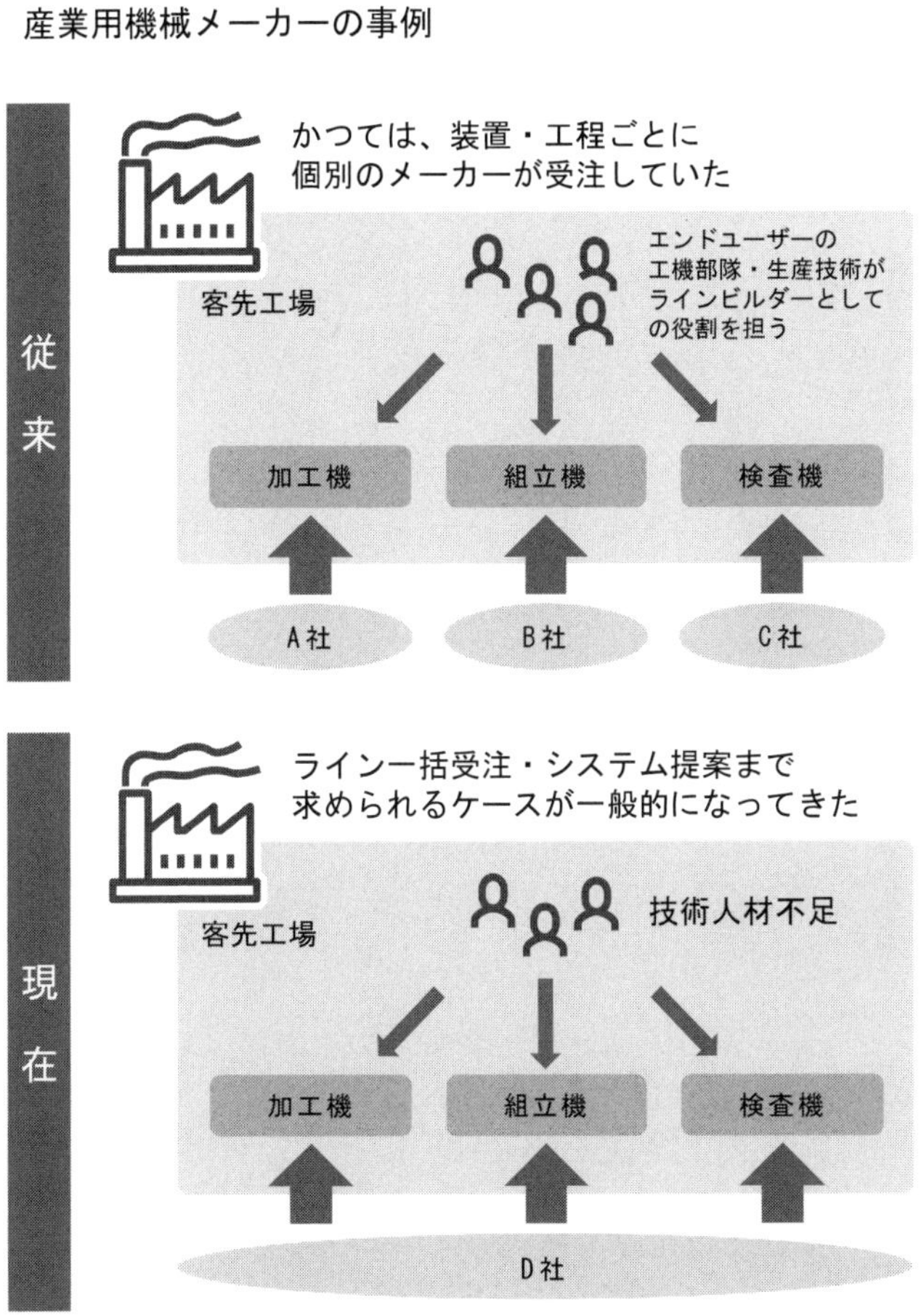
産業用機械メーカーの事例
従来
かつては、装置・工程ごとに
個別のメーカーが受注していた
客先工場
エンドユーザーの
工機部隊・生産技術が
ラインビルダーとして
の役割を担う
加工機
組立機
検査機
A社
B社
C社
現在
ライン一括受注・システム提案まで
求められるケースが一般的になってきた
客先工場
技術人材不足
加工機
組立機
検査機
D社

ていることが一般的である。

かつては、エンドユーザー（大手企業）が設備投資のタイミングに合わせて、加工機は加工機が得意なA社に依頼し、組立機はB社にしようか、検査機はC社とD社で相見積もりを……といった具合に、装置・工程別に別々の機械メーカーへ依頼・発注をかけるという形式が一般的だった。個別の装置を納入した後は、エンドユーザー自身が抱える工機部・生産技術部の技術者たちが生産計画に基づいた要件をまとめ上げ、工程全体の最適化を追求していた。

ところが、今日においては、エンドユーザー側での技術者不足も深刻化し、自社内でライン全体の取りまとめ、システム構築までを手掛けることの難易度が高まり、その結果として、単体の装置製作だけではなく、複数の装置を一括受注し、装置同士を結ぶ搬送部や、複数の工程をまたがる制御システムを一気通貫で手掛けることのできるメーカーに対して需要が集中する傾向にある。

自社の専門分野で築いてきた信頼と実績を武器に戦ってきた機械メーカーも、これからは、複数の工程や技術を組み合わせた企画・提案力を磨いていく必要があり、単独で技術や人材への投資を地道に重ねていくか、十分なリソースが社内にない場合は、別の企業と手を組む必要に迫られることになる。

②組織の問題：経営と現場を担う「次」の人材が見えない

堅実経営の裏側で、日本の製造業は人材の新陳代謝にも課題を抱えている。『２０２１年版ものづくり白書』によると、国内の製造業就業者数は、２００２年の１２０２万人から、２０２０年には１０４５万人と、約20年間で１５７万人も減少しており、全産業における製造業就業者の割合も減少傾向となっている。

特に深刻なのは、会社を引っ張るトップ層（社長と中心としたオーナー・経営陣）、そして現場の次を担うボトム層（若手技術者）という〝企業の両端を担う人材〟の目途が立っていない企業が非常に多いことである。

中堅・中小企業のオーナー経営者は、スーパーマンであることが多い。営業・見積作成などの対外業務もこなしつつ、銀行との折衝を通じた金策にも余念がなく、人材の採用・教育に加えて、製造現場の管理などにも精通しており、リーダーシップにも長けている。そのような一個人の立場や能力を引き継げる才能と気概のある人材は、親族を含めて見渡してみても、そう簡単には見つからない。

また、現場に新しいアイデアをもたらし、会社の成長のメインエンジンとなる若手人材（技術者）の確保も困難を極めており、次ページ図表３－３－４に示す通り、ここ20年で、製造業の若年就業者（34歳以下）は、３８４万人から２５９万人へと３分の２に減少した。

若い人材が集まる会社であり続けるためには、設備や技術への投資と別で、給与制度のアップグレード、福利厚生、工場や事務所のインフラの整備改善など、多額の投資が必要となることから、平常運転の利益に一定以上の厚みがない企業にとっては、本腰を入れて取り組むことは難しいケースが多いだろう。

③市場の問題：業界再編が静かにもたらす市場の縮小と消滅

スマホ、タブレットなどの電子デバイスの高機能化や、車の脱炭素・ＥＶ化の技術革新は業界地図を少しずつ塗り替え、既存

図表 3-3-4　若手人材の「製造業離れ」は深刻な事態に

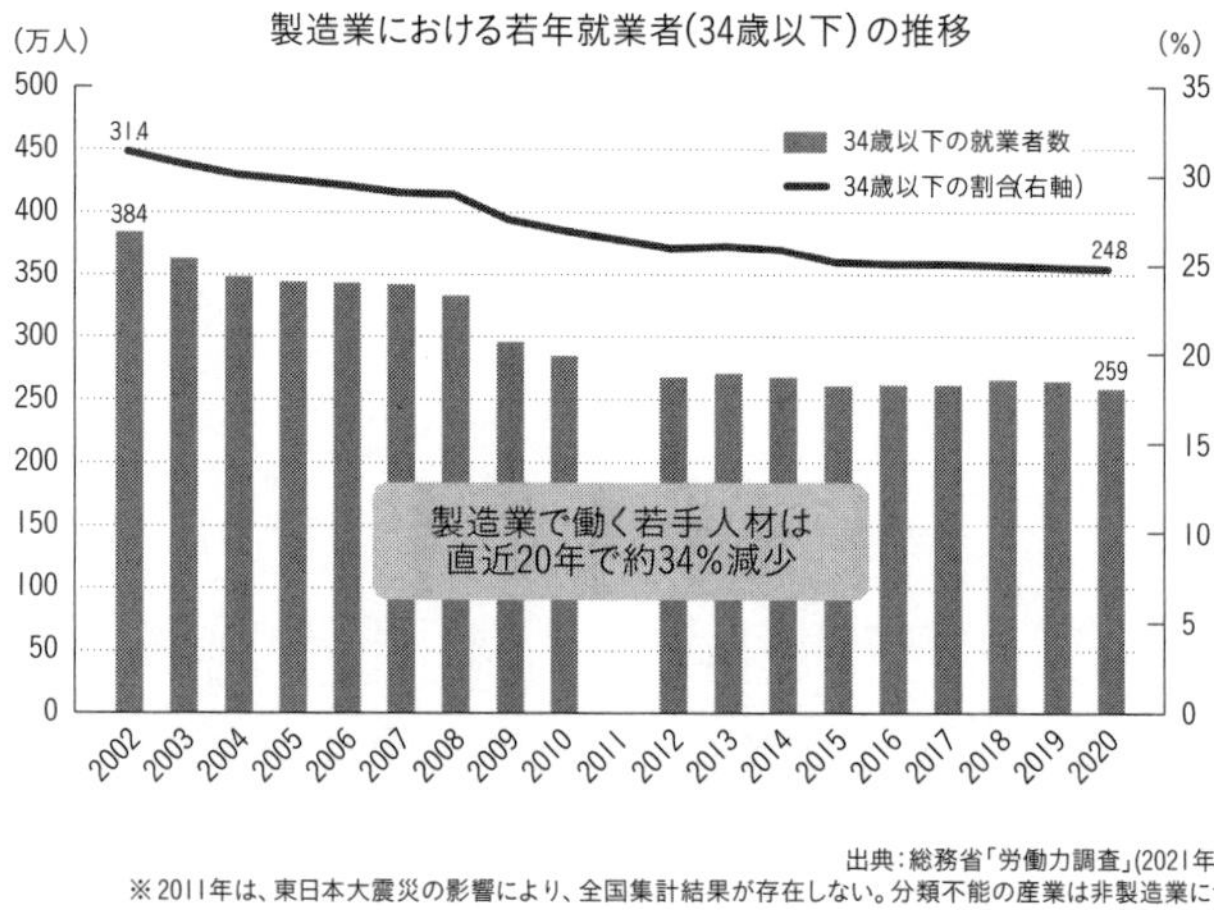

出典：総務省「労働力調査」(2021年3月)
※2011年は、東日本大震災の影響により、全国集計結果が存在しない。分類不能の産業は非製造業に含む

のプレイヤーにとっての脅威となり始めている。ここでは例として、自動車業界の変化と、それに付随するサプライヤーを取り巻く環境変化を取り上げたい。

クルマの「電子化」「電動化」は近年、急速に進み、自動車内に搭載される電子部品（モーター・バッテリー・インバータなど）の比率は10年間で2倍になったといわれる。ハイブリッドカー・電気自動車に必須のバッテリー（電池）や自動運転・ネットワーク通信機能などの搭載に伴う、電子ユニット・CPU部品の増大は、従来、大半を占めていた機械系部品（ギア・シャフト・エンジン・ボディなど）の製造原価を徐々に圧迫し始めている〈図表3－3－5〉。

自動車部品サプライヤーといえば、トヨ

図表 3-3-5　これからの自動車業界の産業構造

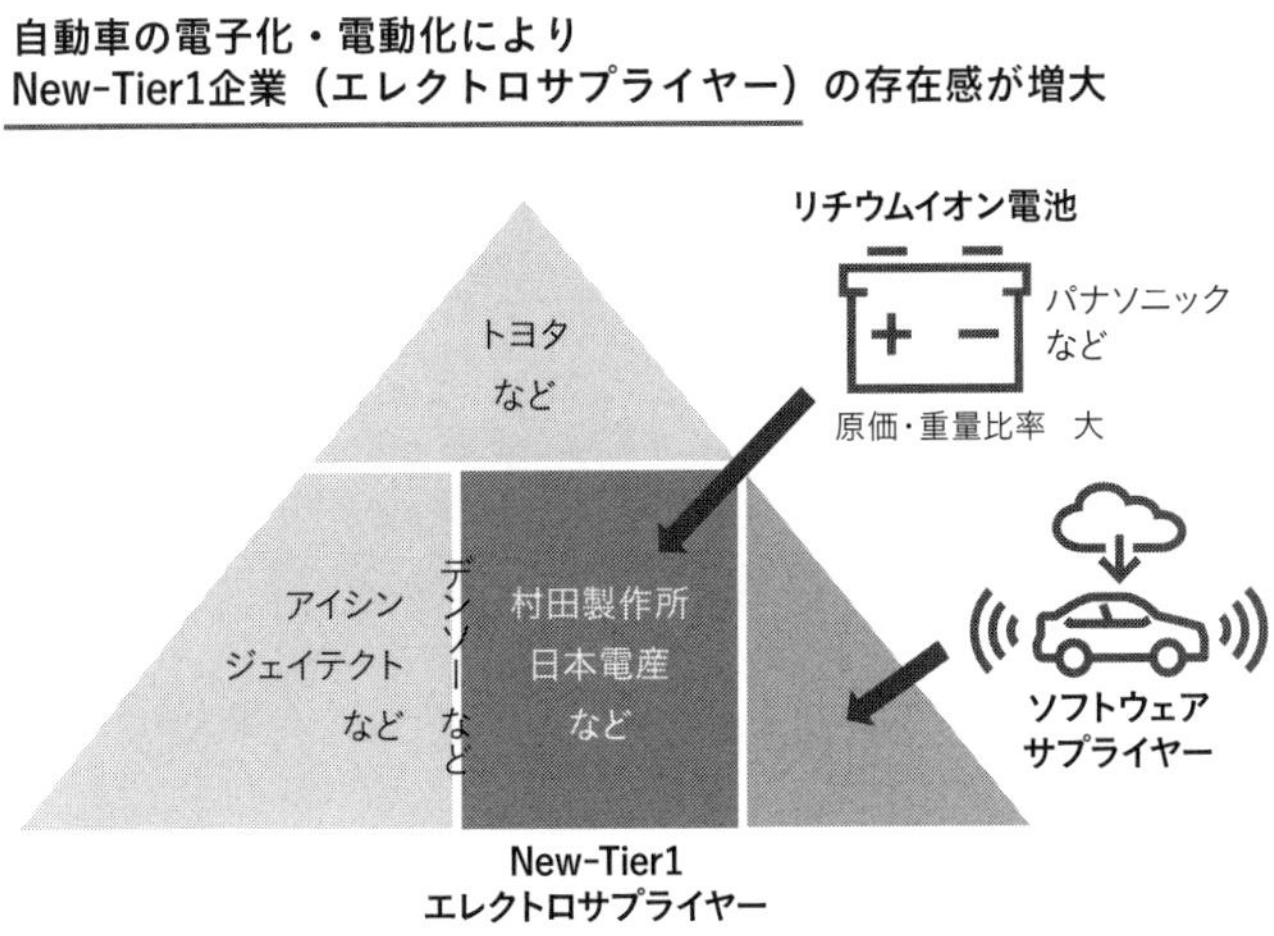

タ系ではデンソー、アイシン、ジェイテクトといったTier1企業グループを思い浮かべる方も多いだろう。それらをメカニックサプライヤー（機械系部品をメインに供給するサプライヤー）とすると、近年の、電子化・自動化の流れの中で、モーターやリチウムイオンバッテリーなどの電子系部品をメインに供給するエレクトロサプライヤーが業界の新しいTier1企業として存在感を高めている。

たとえば、日本電産における車載モーター事業は、自社の中核事業にまで育ってきており、M&A（買収）を強化するターゲット分野として狙いを定めている注力分野である。直近でも車載制御機器（センサ・制御機器など）を手掛けるオムロンオートモーティブエレクトロニクスや、ギア生産に関する加工技術を持つ三菱重工工作機械を買収するなど、「モーター企業」から「電動ユニット&マシンメーカー」へとビジネスモデルを変えながら、旧来の自動車サプライヤー群に攻勢をかけている。

また村田製作所も、車載部品用のセラミックコンデンサを最大の注力分野として強化しており、直近でも車載充電器分野において、バス向けから家庭用への展開を狙って、開発・生産を急ピッチで強化している。

今後はさらに車の電動化・電子化が進む流れの中で、この2社を含めてまったく新しいプレイヤーが業界外から参入することで業界再編が加速し、一つひとつの部品を供給するTier2・Tier3企業にまでその影響が波及することになるだろう。

　古くからのプレイヤーであるメカニックサプライヤー各社も、図表３-３-６に示した「ＣＡＳＥ」に伴う車の開発費が年々増加の一途を辿る中、企業と部品の集約化を推し進めている。

　ホンダ系列では、ケーヒン・ショーワ・日進工業・日立オートモティブが統合し、新会社の日立アステモを設立、重複製品やプログラムの統合や、調達ルートの最適化を推し進めている。また、トヨタ系では、アイシン精機とアイシンＡＷが経営統合により事業体制を再構築しており、ジェイ

図表 3-3-6　これからの自動車産業のキーワードとなる「CASE」

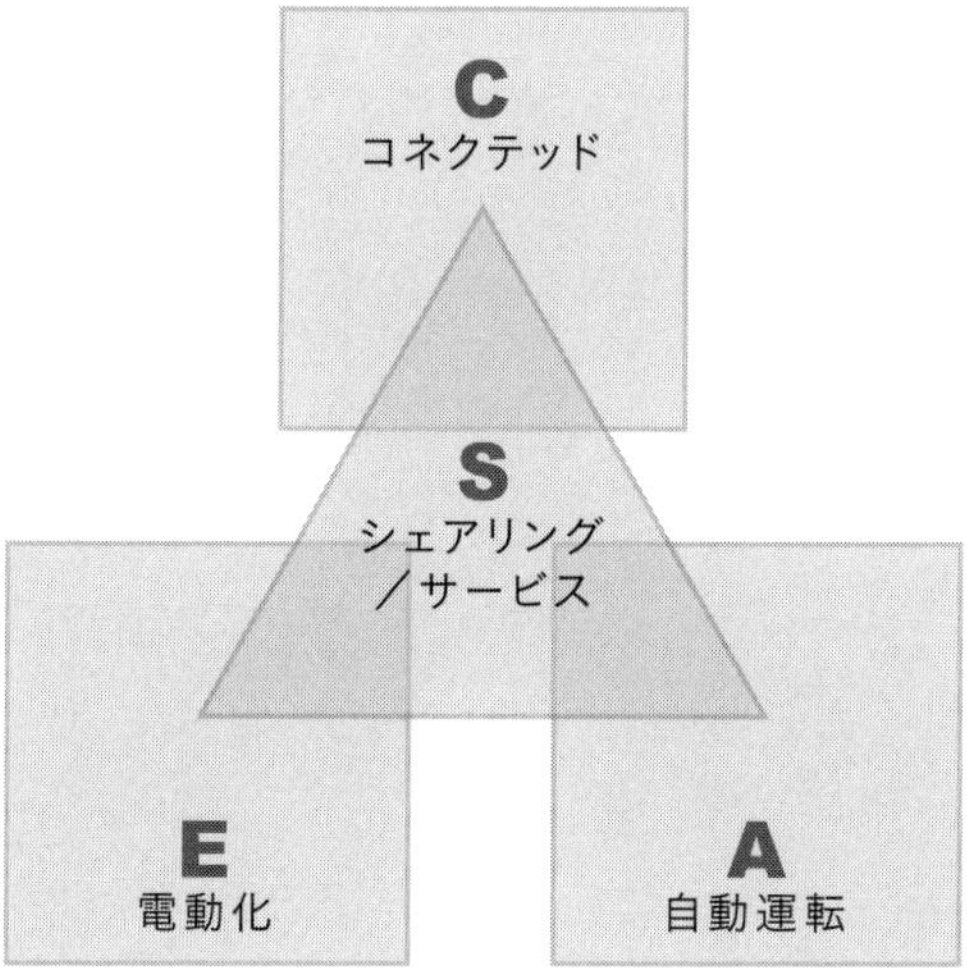

テクトと豊精密も、駆動分野のノウハウを相互共有・統合することで軽量化・小型化を進めている。

自動車部品サプライヤーの未来を語る上で、「すべての車がEV化することでエンジン部品がなくなる」といった極端な悲観論や、逆に「この部品はなくならないので大丈夫」という憶測での議論を見聞きすることもあるが、業界全体を巻き込む大きな企業再編が進行する中で、あらゆる部品や素材がこれから徐々に姿や形を変えていく可能性はますます高まっていく。

そのような状況下、長年閉ざされたサプライチェーンの中で、限られた領域に特化し続けてきた多くの企業が、生き残りのための変化に向けてあらゆる手を尽くす必要に迫られるのではないだろうか。

転機を迎えている中堅・中小製造業のM＆A

コロナショック後の1年あまりの期間において、数多くの経営者と接する中、目先の運転資金を調達するために、補助金の活用や製造ラインの効率化によるコストカットを追求するなど、あくまで「現状維持」を前提とした方法が精一杯であるという企業も少なくなかった。

その一方で、未曾有の危機を乗り切るため、「企業を変革する」という強い意志で、他社との連携をダイナミックに進める中堅・中小製造業も大きく増加した年でもあった。

それまでは、M&Aの買収側の相談をいただいた際には、明確な戦略を持たず、ただ「いい会社があれば買いたいので幅広く検討している」という企業も非常に多かったが、コロナショック後は逆にそういった企業からの買収の相談は減少した。

他方、「EV化を見越して軽量素材に関わる技術をM&Aで獲得したい」など、戦略性を持って買収と向き合っている企業は増加し、その結果、図表3-3-7に示す通り、当社仲介のM&A件数は過去最高

図表 3-3-7　当社における中堅・中小製造業の M&A 数

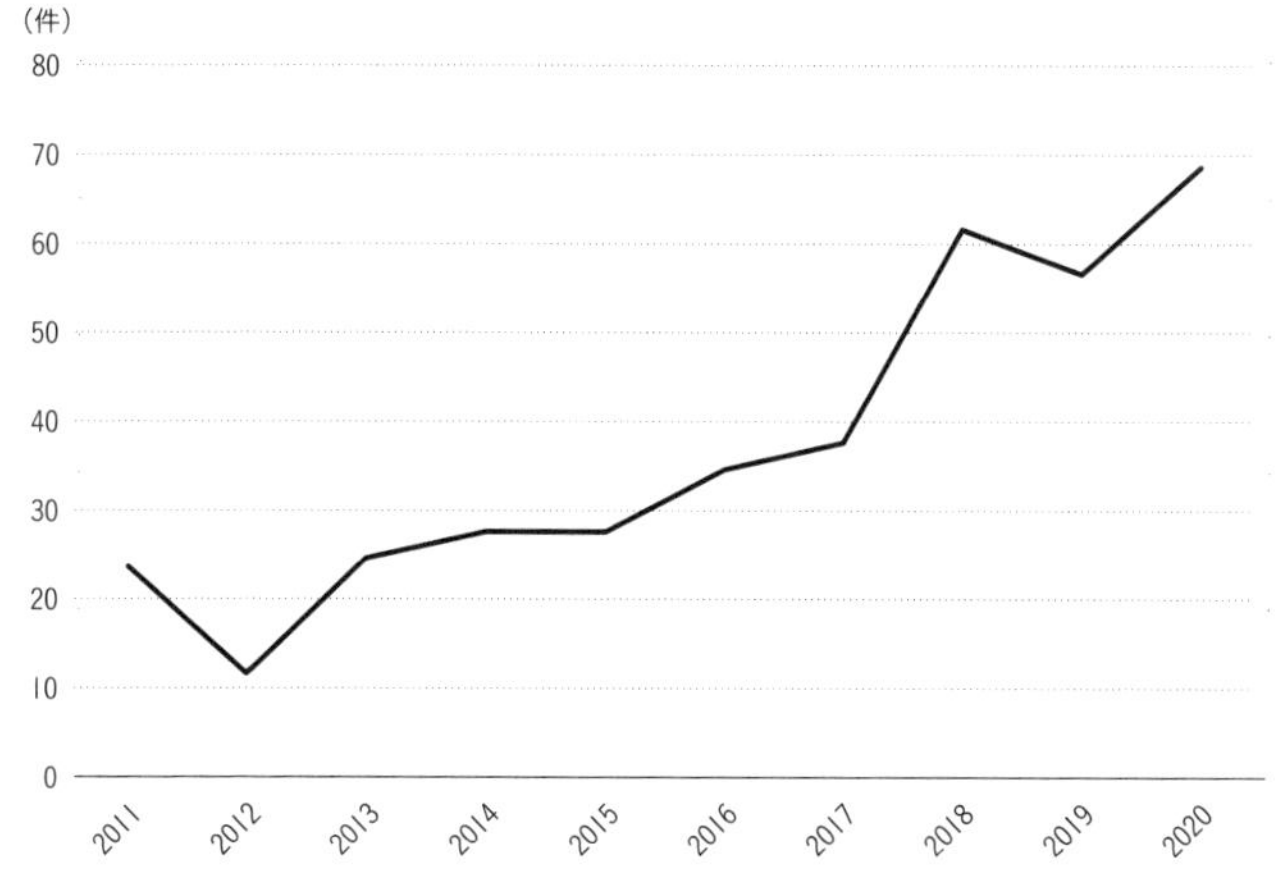

出典：当社仲介実績より（2021年2月）

を記録した。

「よいパートナー企業があれば株式売却も」という若手経営者からの相談も増加

ひと昔前まで、引退を見据えた60〜70代の経営者が「跡継ぎがいない」という理由で譲渡を考え、当社の門を叩くというケースが一般的だったが、昨今においては40〜50代の経営者からの譲渡の相談も非常に増えており、直近の中小製造業の当社成約実績を見ても、譲渡オーナーの3割以上が50代以下となっている〈図表3-3-8〉。

「業績が悪くなった会社が増えてきているんじゃないか？」

そう思うかもしれないが、これらの相談のほとんどが、少なくとも現状はあえて売る必要はない「黒字・財務優良」の会社だ。それでも「会社の譲渡」という選択肢と真剣に向き合いたいという経営者の本音は「単独経営にこだわって成長のチャンスを逃すよりは、よい会社がいれば、グループ経営で会社のステージアップを図りたい」というものだ。

長年の積み重ねや、ビジネスや業界の枠組みの中で、環境変化に合わせた業態転換が苦手な企業は決して少なくない。「単独で変われなければ、他社と手を組むのはどうか」――そう考えて、単独経営からM&Aによるグループ経営を目指す多くの経営者は、M&A後もグループ全

図表 3-3-8　譲渡オーナーの年齢層

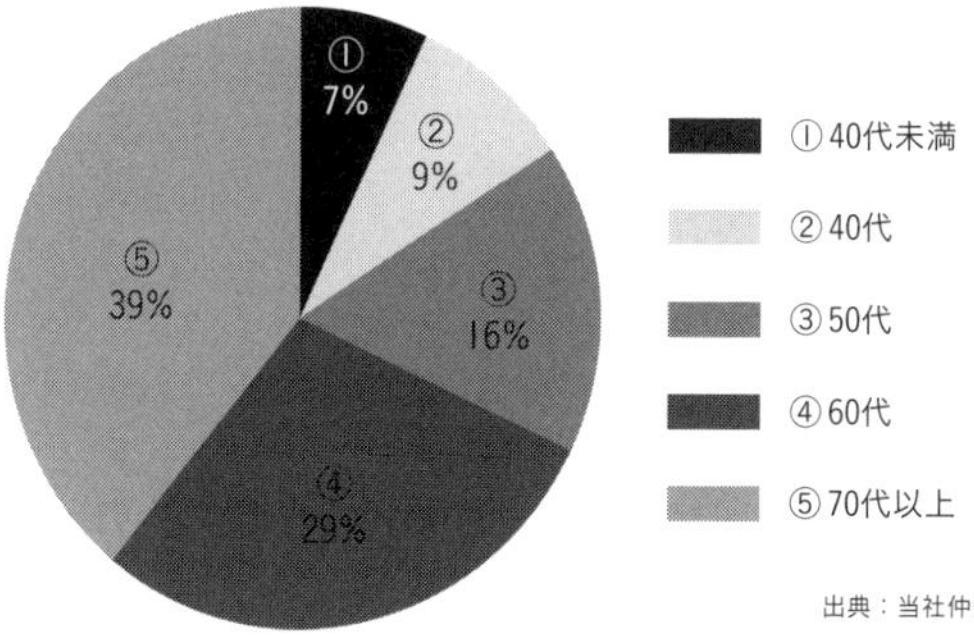

出典：当社仲介実績より（2021年2月）

3割以上が50代以下のオーナー経営者

譲渡オーナーの声
なぜ50代で譲渡に踏み切ったのか？

「単独経営にこだわって、成長のチャンスを逃すよりは、よい会社があればグループ経営で会社のステージアップを狙うのがよいと考えた」

「跡継ぎがいないことは確定していたので、自分も継続経営が可能で、業績が好調なタイミングのほうが、高い株価がつきやすいと考えて、M&Aに着手した」

「子供が継ぐかどうかを話し合う際に、そもそも自分の会社がM&Aできる（売れる）会社なのか、早めに確かめておきたかった。結果的に、思ったより早くいい相手が見つかり、息子とも本音で話し合った上での決断ができた」

「今は元気だが、自分も企業も、明日何が起こるかわからない。いつか対策すべきことなので、早めにケリをつけておきたかった。（妻もそのほうが安心だと言っていた）」

体のバックアップを受けながら、新しいチャレンジを続けている。

後継者のいる優良企業が、なぜM&Aを決断したのか

父からの事業承継を経て、経営者としてスタートを切って間もない、ある2代目経営者から相談を受けた時のことである。

その企業は、工場の自動化装置部品用の金型を製造する、創業50年を超える老舗の金型製造会社、光井工業（社名・人物名などはすべて仮名）である。77歳の社長の光井洋一氏、そのご子息で専務の光井和人氏のお2人で、文字通り二人三脚で会社を発展させてきた。リーマンショックによる一時的な業績悪化などあったものの、2010年に和人氏が30代にして実質的に経営を任された後は、そこから2年間で見事なV字回復を実現し、その後も右肩上がりに売上を伸ばしてきた。

そのような中、和人氏から当社にいただいた相談は、「M&A（売却）を活用して、企業成長のチャンスを広げたい」というものだった。次期社長候補である和人氏が経営に参画し、順調

に業績も伸ばしていたこの会社は、一見するとM&Aとは無縁のようにも感じる。和人氏がM&Aを決断した背景にはどのような理由があったのだろうか。

当時の光井工業は順調に売上を伸ばしており、キャッシュフローも問題なく回っている、いわゆる優良企業だった。そのような中で、成長フェーズにある同社の経営陣は、業績のさらなる拡大のための「次なる一手」を日々模索し続けていた。

選択肢のひとつとして思い描いていたのは、「海外への進出」だった。先細っていく国内市場だけではなく、海外で新たな製造拠点を確保し、新規の取引先を開拓していく必要性は、社内の会議でもことあるごとに議題に挙がったという。

しかしながら、海外進出について具体的に検討し、情報を集めれば集めるほど、自社単独で海外へ進出することのリスクが徐々に浮き彫りになってきた。

海外へ進出した企業の多くが、その見通しを見誤ってしまい、採算割れで撤退している事実。そして、仮に海外進出に失敗した場合には、国内本体にも致命的な傷を負いかねないことも、光井工業の経営層を非常に悩ませたという。次の一手として海外進出の必要性を感じながらも、なかなか一歩を踏み出すことができない状況が続いていたのだ。

自社を売却するのは「特注のF－1マシン」を売却するようなもの

そのような中、情報収集の一環として当社のセミナーにご参加いただいたことが、当社とコンタクトをいただいたきっかけだった。セミナーでは、中堅・中小企業が大手企業とパートナーシップを組み、大手企業の資本を活用することで、自社が考えている成長戦略をパートナー企業と実現していく手法、過去の成功事例などが具体名を交えて解説されていた。

そのセミナーの後も、和人氏とは幾度となく面談を重ねることになる。時にはプライベートな話題も含めて、本当にさまざまなお話を聞かせていただいたが、いつも議題に挙がるのは、「自社の海外進出」についてだった。まずは、光井工業が描く成長戦略に共感していただけるパートナー企業が見つかるのかどうか、そこからスタートしていくことが必要だった。

いよいよ候補先探しを進めていく決断をされた際に和人氏が口にされた言葉は、今でもとても印象に残っている。

「自分の会社を売却するのは、自分の手で一から特注で作り上げたF－1マシンを売却するような感覚に似ています。乗り方を知らない人が乗ってもうまく機能が発揮できず、レースに勝つことはできませんし、もしそうなれば、関係者全員が不幸になってしまいます。当社の技術に関心と理解を示し、光井工業と共に成長いただけるお相手を、ぜひ見つけてください」

そんな光井工業に関心を持ったのは、同じく金型を製造している木島製作所だった。金型製造といっても、両社が保有している製造技術はまったく別物であり、技術力を強化したい両社にとって、金型加工領域の拡充を見込めることはとても魅力的だった〈図表3-3-9〉。

また、光井工業は東日本、木島製作所は西日本に工場を構えており、お互い手薄になっている営業エリアを補完できるメリットもあった。一方で、当初から目標としていた海外展開については、すでに海外拠点を持つ木島製作所のリソースをフル活用することで、リスクを抑えての海外進出へうまくつなげることができた。

図表 3-3-9　M&Aによるシナジー

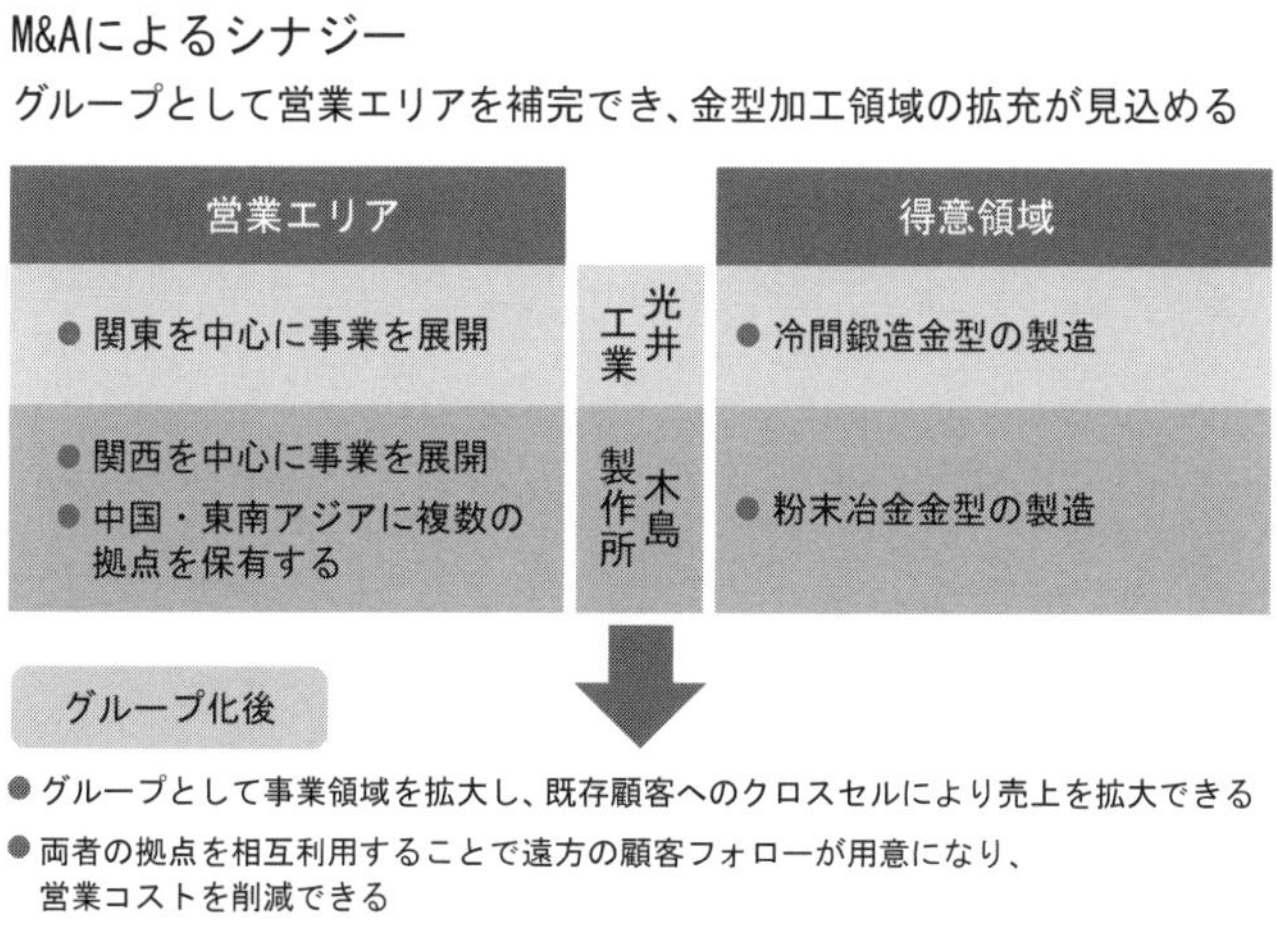

営業エリア		得意領域
● 関東を中心に事業を展開	光井工業	● 冷間鍛造金型の製造
● 関西を中心に事業を展開 ● 中国・東南アジアに複数の拠点を保有する	木島製作所	● 粉末冶金金型の製造

グループ化後

● グループとして事業領域を拡大し、既存顧客へのクロスセルにより売上を拡大できる

● 両者の拠点を相互利用することで遠方の顧客フォローが用意になり、営業コストを削減できる

M&Aで自社の付加価値を最大化する

M&Aは会社を「買収する」「売却する」といった点にどうしても注目が集まるが、中堅・中小企業のM&Aにおいて重要なことは、株式を譲渡した後、両社は親会社と子会社になるとはいえ、両社の間に存在するのは上下関係ではなく、お互いがパートナーとして協力し、一緒に成長していこうという「仲間意識」である。

M&Aの実行後は、株主としての立場は信頼できる譲受け企業に任せながらも、和人氏は専務として会社に残り、引き続き父が育てた会社の経営を任されている。

さらに、最近になって和人氏は、光井工業の経営だけでなく、木島製作所の執行役員も兼任されるようになった。親会社の経営企画部門で事業戦略を考える立場となることで、ビジネスパーソンとしてもさらなるキャリアを重ねていかれることだろう。

和人氏が成長戦略を持って推し進めたこのM&Aは、光井工業の会社の成長、和人氏の個人の成長、木島製作所の成長を果たす「三方良し」の結果となった。光井工業と和人氏の今後がとても楽しみである。これからもずっと応援し続けていきたい。

光井工業のM&Aの事例には、日本の製造業が将来にわたってより豊かになるために必要なヒントがあると感じている。中堅・中小製造業の経営者が、長期的視野で付加価値を最大化する経営に転換していくことが、自社の成長を促し、ひいては日本経済を再び成長させるための大きな原動力になるのではないだろうか。

日本の屋台骨を支えてきた業界だからこそ

製造業専任のM&Aコンサルタントとして、年間数百名の経営者の方々と向き合ってきた。日本の歴史はものづくりの歴史だ。経営者の方々と対峙し、その長い歴史の中で積み重ねられた知見を教えていただくことで、日々多くの気づきにつながっている。

日本の製造業は大きな転換期を迎えている。多様に変化し続ける市場環境や産業構造、競争環境の中で、自社の存続・発展のために、その在り方を再考しなければならないタイミングに差し掛かっていることを強く感じる。

しかし、長い歴史の中で「メイドインジャパン」ブランドを作り上げ、日本の屋台骨を支えてきた製造業の経営者だからこそ、その深い知見を持って今後も新たなイノベーションを起こすことができると信じている。そして、私自身が日本のものづくり産業を後世へ引き継いでいく一助になるよう、これからも尽力していくつもりだ。

食品業界

M&Aコンサルタント：渡邉 智博

1983年宮崎県生まれ。慶應義塾大学経済学部卒業後、リクルートに入社。法人営業や営業マネージャー等を経験し、日本M&Aセンターに転職。2020年には同社で最も多くの食品製造M&Aを成約へと導いた。2021年4月より食品業界支援室室長を務め「日本全国に点在する優れた食文化をM&Aで存続させ、全国に広める」の理念のもと活動している。

データから読む食品業界の動向
――M&Aが増加している3大テーマと将来予測

この10年間、食品業界ではM&A件数が右肩上がりに上昇し、図表3-4-1に示したように、10年間での累計は1242件となった。ここではその理由を追っていこう。

テーマ①：「30店舗の崖」を越えるためのM&A

私が提唱しているのが、外食産業やベーカリーなどの製造小売業界においては、「30店舗の崖」が存在するということだ。壁ではなく、崖である。

個人が管理できる店舗数には限界があり、おおむね食品業界においては、それは30店舗であるという通説がある。それ以上の店舗数を管理しようと考えると、組織という仕組みが必要になる。

具体的にいえば、管理本部機能として人事や総務など間接部門にプロフェッショナルの採用が必要となり、場合により社外取締役や監査役も設置の必要が出てくる。そのため間接コストは上がり、従来のように新規出店に偏った投資が難しくなる。

しかしながら、既存店は既存店で、オープン直後の話題性も徐々に弱まり、基本的には売上が漸減していく。ここで、売上は

図表 3-4-1　食品関連の M&A 件数

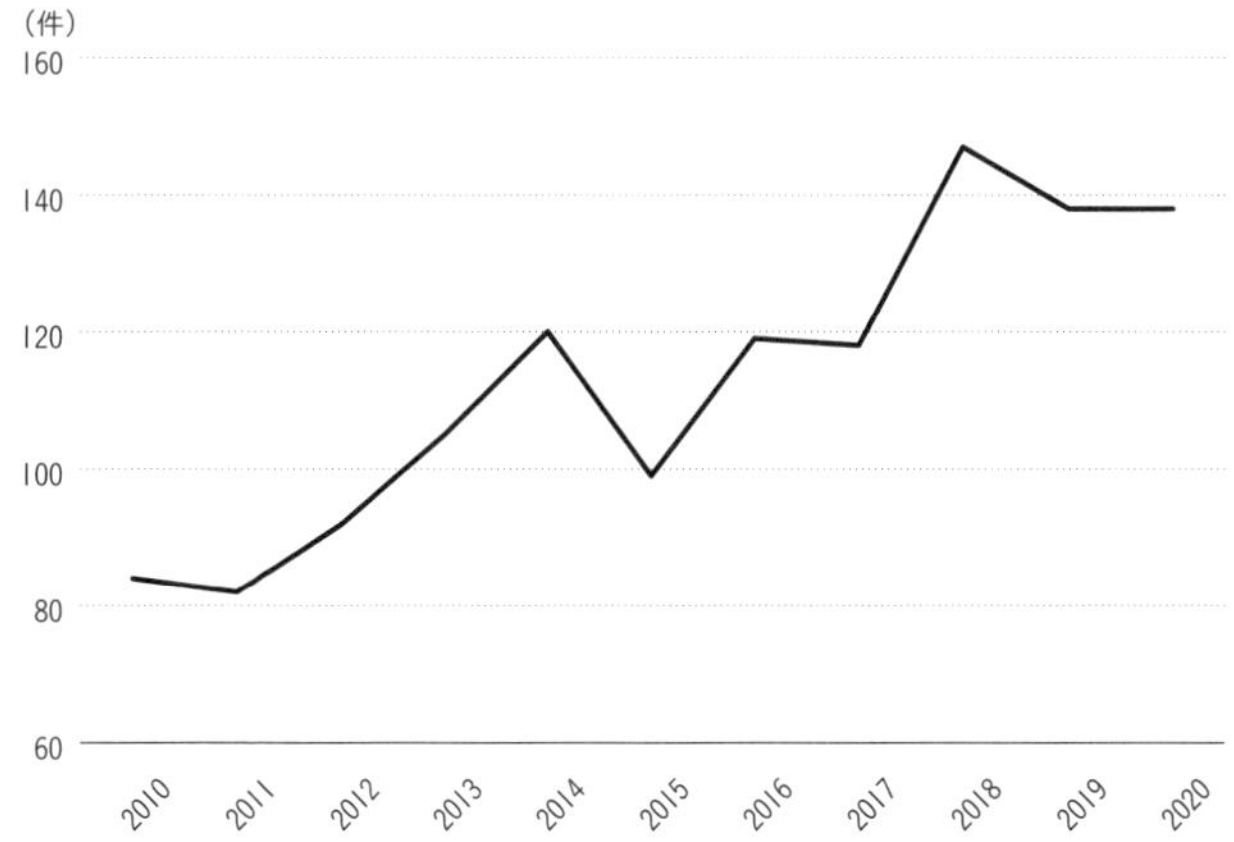

出典：レコフ M&A データベースより当社作成

下がるのに間接コストが増えて利益を圧迫する崖が存在する。よく言われる踊り場でも壁でもなく、それはまさに「崖」といえる〈図表3-4-2〉。

それでは、30店舗くらいで出店を止めてしまうことがよいのか。外食産業や食品小売業にとって、店舗数というのは非常に重要だ。規模拡大のためだけではない。創業間もない大変な時期から支えてくれた従業員に対してポストを用意することは、経営者の重要な仕事である。

「1店舗＝1店長」だとすれば、昔ながらの従業員を出世させるためには出店するしかない。ただ、先に述べた通り、この崖を一人で乗り越えるのは難しい。舵取りを誤ると、一気に企業存続の危機に陥るケースもある。その崖を一足飛びで乗り越えるための手段こそM&Aなのだ。

すでにバックオフィス機能が充実している大手の傘下に入ることで、譲受け企業の仕組みをそのまま利用することができる。自社の勢いがあるタイミングでの出店を止めずに、一気に成長を加速することもできる。近年では、若いオーナーが成長戦略の一環として大手の傘下に入り、その支援のもと、店舗展開を加速していくM&Aが増加している。

その際に、将来的に業績がより向上したタイミングで株を売却できるよう10~30%程度を手元に残し、残りを売却するという方法もある。中堅・中小企業のM&Aでは、100%株式譲渡がケースとしてほとんどだが、ひとつとして同じ会社がこの世にないように、M&Aも1件

図表 3-4-2　30 店舗の崖

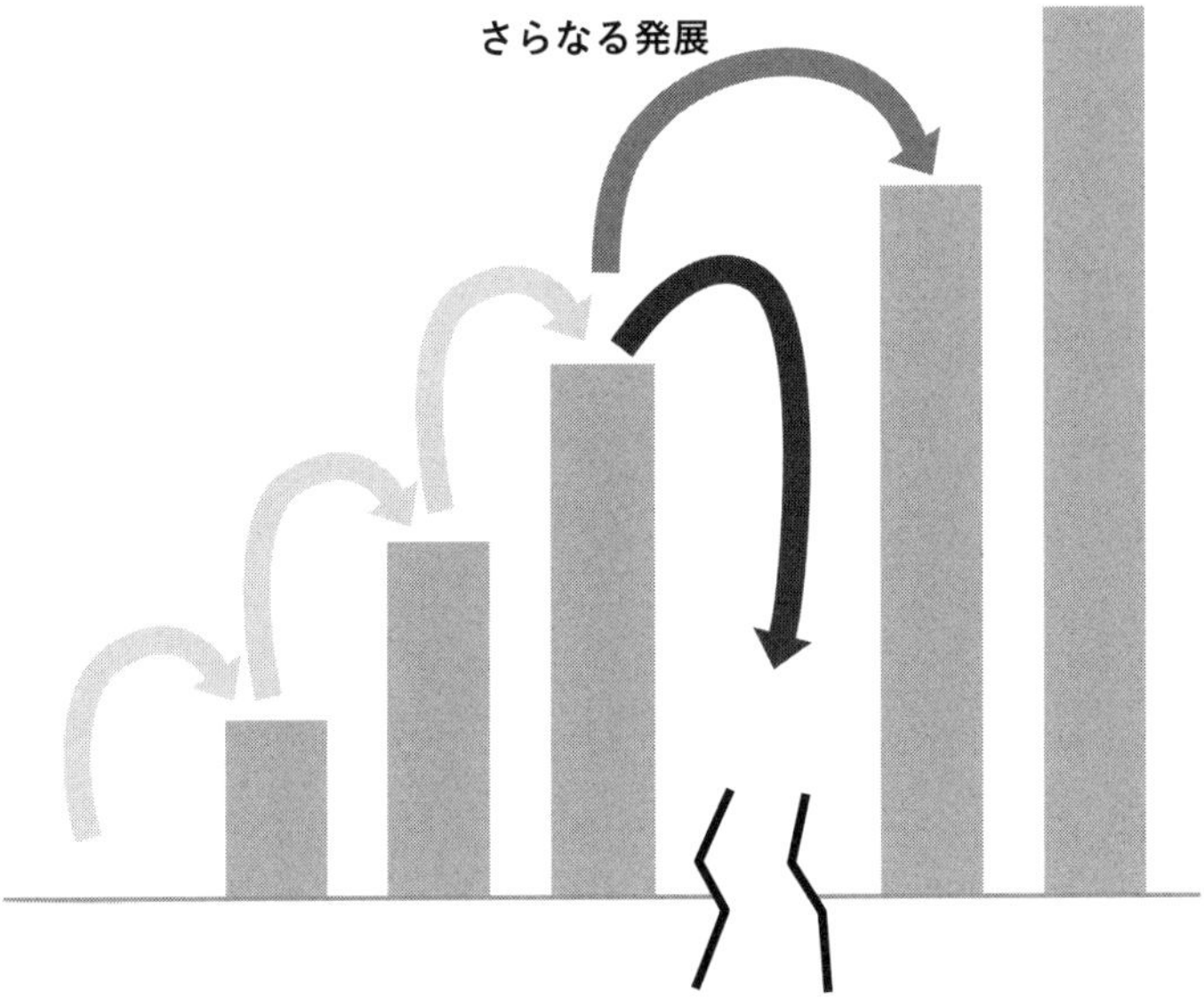

1～10 店舗	10～30 店舗	30 店舗の“崖”	30 店舗～
・オーナー自らが店舗業務も行う ・出店先の選定や採用などもオーナーの仕事 ・すべてが管理できる	・オーナーの中に成功のノウハウが蓄積される ・出店が加速する ・右腕が必要になる	・人事・財務などのプロの採用や、社外取締役の設置など内部コストが増大 ・新規出店に偏った投資が困難になる ・利益が急激に減少	・個人経営から組織経営へと変わる ・再び出店を加速することができる ・IPO を目指せる

1件が異なる。戦略的に株の一部を手元に残すこともあれば、経営者としては残るが100％株式譲渡を行うケースなどさまざまだ。図表3‐4‐3に示すように、当社で2020年12月までに成約した譲渡企業オーナーの約5人に1人が30～40代であり、若くして、より会社を発展させるために成長戦略型のM＆Aを選択するオーナーが増えている。

会社が順調に伸びていて、オーナー自身が「まだまだ自分で続けたい」と思っているタイミングこそ、企業評価が高い時期だ。第三者視点に立てば、そのような状態の企業こそグループに迎え入れたいだろう。30店舗の崖を目前に控えているオーナーは、成長戦略型M＆Aを考えてみる価値がある。

図表 3-4-3 当社成約案件の譲渡オーナー年齢（食品関連、2020 年まで）

	30代	40代	50代	60代	70代	80代	平均年齢
食品製造	2	11	20	21	24	4	62.9歳
食品卸	1	6	8	19	12	3	64.1歳
食品小売	1	4	9	2	4	0	58.2歳
外食	6	9	15	13	9	0	57.1歳
合計（人）	10	30	52	55	49	7	
割合	4.9%	14.8%	25.6%	27.1%	24.1%	3.4%	

テーマ②：後継者不在だけではない老舗企業のM＆A

先ほど述べた「30店舗の崖」は、どちらかといえば、まだ若く勢いのある企業の事例となる。だが、老舗企業に関しても同様にM＆Aを検討すべきだ。それは、「M＆Aによって社名やブランドも守り、商品と味を守ることができる」という当たり前の話だけではない。

事業の安定性という観点で考えてみよう。長年にわたり地域から必要とされてきた老舗企業であれば、業績は安定しているかもしれない。しかし、建物についてはどうか。

一例を挙げるなら、アスベストの問題である。1975年以降、段階的に規制されており、2006年9月1日には製造・輸入・譲渡・提供・使用が禁止された。しかし、1975年以前に建てられた食品工場は日本国内には数多く存在する。解体する際には飛散対策が義務付けられていることから、建て直す際にはコストもかさむ。また、長年の増改築に伴い、建築確認申請時の図面と現状の仕様が大きく異なり、違法建築になっているケースなど、問題を後世に先送りし、騙し騙し営業を続けている企業も多いのではないだろうか。

さらに、時代ごとに変化していく法改正により、衛生基準や食の安全性への意識は高まり、また働き方改革に合わせた従業員に対しての制度設計など、従来のやり方が積み重なっている老舗企業だからこそ、スピード感のある変化が難しい側面もある。老舗企業からすれば、「後出しじゃんけん」に苦しめられているという思いにもなるかもしれない。そういった面を解決できる手段のひとつがM&Aである。

たとえば、自社の工場を現代の水準に合わせて建て替える間、譲受け企業の工場を間借りするなど1社では叶わないことがM&Aでは実現できる。決して後ろ向きの理由ではない。これから先、何十年、何百年と企業を存続させていくために、他社と手を組むという方法は非常に合理的な判断となる。

譲受け企業にとっても、老舗企業を譲り受けることはメリットが大きい。図表3-4-4に示した当社での2020年までの食品関連M&Aの成約案件を見ても、およそ4社に1社が創業60年程度の老舗である。創業から経過した年月は、そのまま社会からの信用と言っても過言ではな

図表3-4-4　当社成約案件の譲渡企業の設立年（食品関連、2020年まで）

	1950年代以前	1960年代	1970年代	1980年代	1990年代	2000年代	2010年代	平均設立年
食品製造	13	14	10	20	17	7	6	1980年
食品卸	6	4	11	14	9	4	2	1981年
食品小売	6	2	2	5	4	1	1	1977年
外食	4	4	7	13	17	11	4	1988年
合計（社）	29	24	30	52	47	23	13	
割合	13.3%	11.0%	13.8%	23.9%	21.6%	10.6%	6.0%	

い。大手企業がその資本力によってどれだけ素晴らしいブランドを立ち上げても、その瞬間は0歳児である。いきなり60歳の子供は生まれない。老舗企業だからこそ存在するバックボーンがあり、語れるストーリーがある。譲受け企業にとっては、その歴史を活かせることは、大きなビジネスチャンスを得ることにつながるのだ。

こうした背景から、大手の傘下に加わることでより強い経営基盤を構築し、より確実に味やブランドを後世へと残していくためのM&Aが老舗企業の間で活発化している。

テーマ③：新しい時代の到来。SNSと食品M&A（食のファッション化）

現在、SNSの影響力がどれほどのものか考えたことはあるだろうか。2020年において、各SNSの国内MAU数（月間アクティブユーザー数）はLINEが約8600万人、Twitterが約4500万人、Instagramが約3300万人、Facebookが約2600万人もいる。今や、「美味しい」「見栄えがよい」など話題性のある商品は、瞬時に拡散する時代だ。

このような時代、企業に求められる能力は製造技術だけではない。その最たるものがマーケティング力である。変化する市場の動向を素早く捉えて分析し、有力な商品を投下していく企画力が従来に比べて格段に必要となってきた。いわば商品そのものが広告としての力を持つ時代に突入したのだ。

そんな時代においては、M&A時の評価額として「企画力」も重要な評価軸のひとつとして見られるようになってきた。以前は、歴史の浅い企業については、業績がよかったとしても「一過性のブームに過ぎないのではないか?」と持続性を疑われ、評価をされづらい時代もあった。しかし、今は違う。企業の企画力そのものが将来価値として評価される。成長戦略型のM&Aとして若いオーナーの譲渡案件が増えてきているのには、そういった背景もある。

自社にそういったマーケティング機能がない、もしくは弱いという企業も、M&Aによって大手企業の傘下に入ることで、商品開発などの知見を得ることができる。大手は多くの商品を流通させていることから、膨大な消費者のデータを持っていることも多い。これらを利用できることは、企業の成長にとって大きなメリットとなる。美味しいのは当たり前で、プラスアルファとしての企画力が求められる時代での新しい戦い方として、マーケティング力の高い企業とのM&Aを行うケースが増加しているのである。

食品業界M&Aの将来予測(一本足打法からの脱却)

そう遠い将来でなければ、先々を予測すること自体は意外と難しくない。もちろん世界的なパンデミックなど予想もつかない出来事が起こることは事実だ。しかし、多くの出来事には予兆があるものだ。

たとえば、少子高齢化という構造は突然に生まれたものではない。いずれ介護食の分野の重要性は高まるであろうし、一方で健康寿命も延びている中、より余生を楽しみたいという健康維持のための食品もニーズとして増加していくであろう。

日本国内の人口減少に伴い、海外展開も視野に入れる必要が出てくると、安全基準の見直し（HACCPの義務化やグローバルGAP認証）は企業に求められるであろうし、冷凍やインスタントといった加工技術の進歩や、それらを活かした輸出向け食品で勝負を仕掛ける企業も増えるはずだ。

国内においては、内需減少に合わせて利益率の高い高付加価値商品を展開していく必要が出てくる。ニッチな領域であるほど付加価値を提供しやすいため、大豆ミートなどヴィーガン（完全菜食主義者）向け食品や、健康のためにファスティング（断食）を行う人向けの酵素ドリンクなど、多種多様な商品が今後も生まれるだろう。

どの分野に取り組むかは企業ごとに異なるが、こうした新しい需要への対応策として、M&Aの重要性はますます高まっていく。

また、将来に備えるとは、先述のような予測できる未来に対してだけではない。突発的な疫病のまん延や自然災害など、さまざまな事態に直面し、乗り越えてきた企業だからこそ、今こそ不測のリスクに備えて「二本足打法からの脱却」を真剣に考えるべき時にきている〈図表3－4－5〉。

ここでは「食品製造」「食品卸」「食品小売」「外食」の4つのカテゴリー別に考えてみたい。

①食品製造業

たとえば、チョコレートはバレンタインシーズンに売上が集中する。そこでアイスクリームなど夏場の売上を上げるための商品構成の二本足化は重要なリスク対策となる。また、人気商品が誕生すると途端に模倣リスクが高まる業界でもあるため、商品バリエーションが豊富なほうがリスクに強い企業といえる。大手と手を組むこ

図表 3-4-5　一本足打法からの脱却

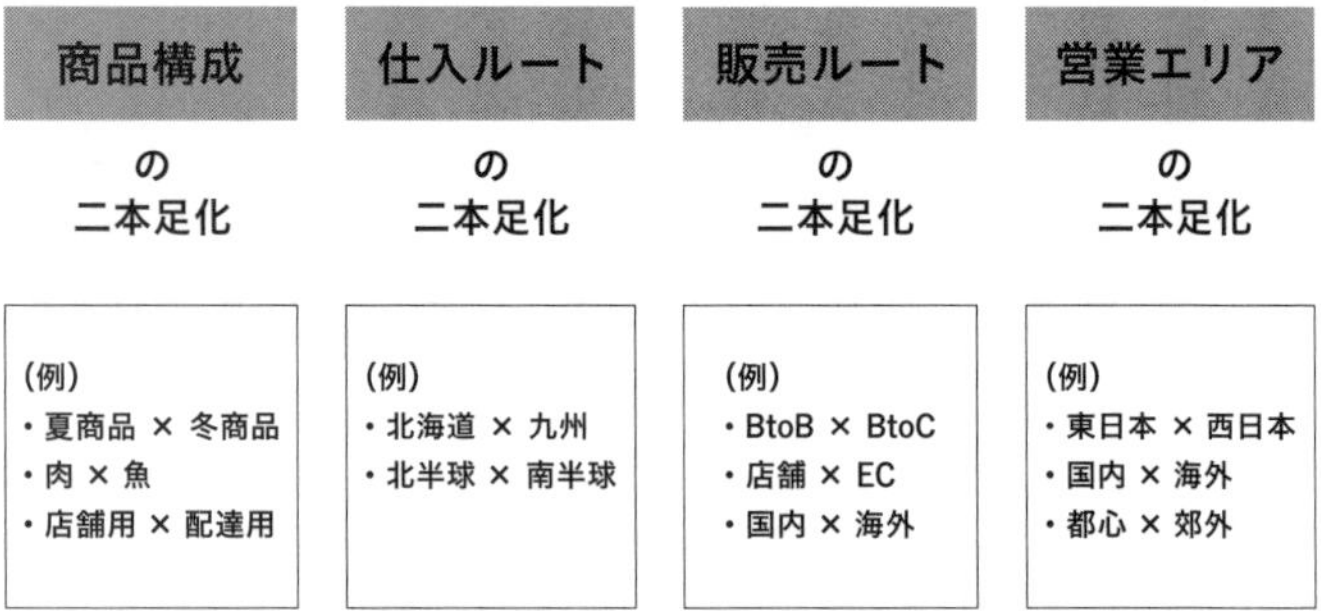

商品構成	仕入ルート	販売ルート	営業エリア
の 二本足化	の 二本足化	の 二本足化	の 二本足化
(例) ・夏商品 × 冬商品 ・肉 × 魚 ・店舗用 × 配達用	(例) ・北海道 × 九州 ・北半球 × 南半球	(例) ・BtoB × BtoC ・店舗 × EC ・国内 × 海外	(例) ・東日本 × 西日本 ・国内 × 海外 ・都心 × 郊外

とで一気に商品バリエーションを拡充することができるのはM&Aの大きなメリットだ。

②食品卸業

国内・国外と複数の仕入ルートを持つことで安定した仕入を実現できる。また、農作物のように季節性を伴う商品については、たとえば北半球と南半球のそれぞれで仕入ルートを持つことで、収穫の最盛期を分散させることもでき、より安定したビジネス基盤を構築できる。同業同士のM&Aはもちろん、食品製造業と手を組むことにより、その企業への原料卸を行うことで販売ルートを拡大したり、自社で商品の加工を行うことで高付加価値な商品を持ったりなど、さまざまな課題が解決できる。

③食品小売業

自社の店舗の出店エリアが集中している場合、直下型地震などに備えて遠方にも店舗を持つことはリスク対策だ。ネットスーパーのような形式で、リアルな店舗だけでない販路を持つことも検討できる。大手と手を組むことで、ボリュームディスカウントによる仕入コストの削減や、大手の物流網を活用するなど高収益化のためのチャンスもM&Aにより拡がっていく。

④外食

従来は、たとえば牛丼など1つの商品に特化した店舗に関しては、狂牛病が発生するなどの特定要因によって急速に厳しくなるリスクを秘めていたことから、同時に寿司店も経営するなど事業ポートフォリオを拡充することが重要な企業戦略となっていた。加えて、新型コロナウイルスのまん延以降、テイクアウト・デリバリーといった領域への進出がリスクヘッジのためのM&Aの代表例となっている。

また、在宅勤務が増える中、都心だけではなくロードサイド店への進出なども重要なポートフォリオ戦略となっており、営業エリアを二本足化するためのM&Aが必要性を増している。

老舗洋菓子店の3代目が上場企業の子会社社長となったM&A事例

東京都杉並区高円寺に本店がある「トリアノン洋菓子店」は、数々の著名人にも愛されてきた1960年創業の老舗洋菓子店だ。創業者の故・安西松夫氏は日本洋菓子協会連合会の会長も務め、日本の洋菓子業界の発展に多大な寄与をしてきた人物として知られている。

同社は、ジャパン・ケーキショー東京で、20年以上の長きにわたり入賞し続ける品質の高さから多くの顧客を持ち、黒字経営であった。3代目社長である安西健太郎氏は、まだ46歳と若く、会社を譲渡する緊急性に差し迫られていたわけでもない。そんなトリアノン洋菓子店は２０１９年12月、当社への譲渡相談を経て、２０２０年９月に21LADY（名古屋証券取引所セントレックス市場上場）のグループ入りを果たす。若き３代目社長の描いていたビジョンとはどんなものだったのか。

M&A後も会社の発展に貢献したい

「自分の経営によって会社を成長させるスピードは、世の中が変化するスピードよりも速いのでしょうか？」

譲渡面談をした際に、安西氏から出た言葉である。そこには創業60年の看板を背負う３代目オーナーの責任感と、客観的に外部環境をとらえる経営者の目を感じた。世の中が変化するスピードは非常に速く、そして一企業でその変化を止めることは難しい。たとえば、消費税の増税、働き方改革、食品の安全基準にかかる法改正といったことがそうだ。もちろん、世の中が変化する際には同時にチャンスも生まれる。オンライン販売はその最たる例だが、ノウハウや投資も必要となっており、変化が激しい時代ほど企業体力が必要なことも事実である。

安西氏は黒字経営でありながらも、60年続くトリアノン洋菓子店のブランドを後世に残し、従業員と味を守るために成長戦略型のM&Aを冷静に見据えていた。しかし、同時にあることを懸念していた。それは、自身が今後も代表取締役として継続勤務ができるかということだ。

地位や名誉にこだわったわけではなく、安西の名前で60年間の信頼を積み上げており、その看板を背負った3代目としての責任感からくるものであった。安西氏には娘が1人いたが、好きな道を歩んでほしいとの思いから、将来的には後継者不在であった。しかし、自分が元気に働けるうちは、自社の発展に貢献していきたいという思いがあったのだ。その条件のもとにM&Aの相手探しがスタートした。

譲受けに名乗りを挙げた上場企業

こうして縁があったのが21LADYグループだ。21LADYは当時、傘下にシュークリームで有名な「洋菓子のヒロタ」（1924年創業）や、モナカで有名な「あわ家惣兵衛」（1950年創業）などの老舗菓子ブランドを持っていた。洋菓子のヒロタが苦しい時代には、21LADYグループは自社ビルを売却してでも支え続けるほど、ブランドを大切にしてきた企業だ。

社長の山田成徳氏は49歳と、若くして上場企業の社長を任される手腕の持ち主であった。学生の頃から企業研究を専門とする山田氏は、企業の歴史や背景を非常に大切にする人物だ。また、工場の清掃を従業員と一緒に行うなど、周囲から慕われるリーダーでもあった。

そんな山田氏にも悩みがあった。当時、洋菓子のヒロタをはじめ、21LADYが運営するブランドにはファンが多いことから、カフェチェーンなどから「洋菓子のヒロタとコラボレーションして店舗で提供できる洋菓子をOEMで依頼したい」といった相談がよく持ち込まれていた。しかし、シュークリームなどに特化していたため、その他の菓子については必ずしも生産体制が整っていなかったのだ。現状の体制で仕事を受けられず、年間数億円という商談が実現しなかったこともあった〈図表3-4-6〉。

図表3-4-6　M&A前後の変化

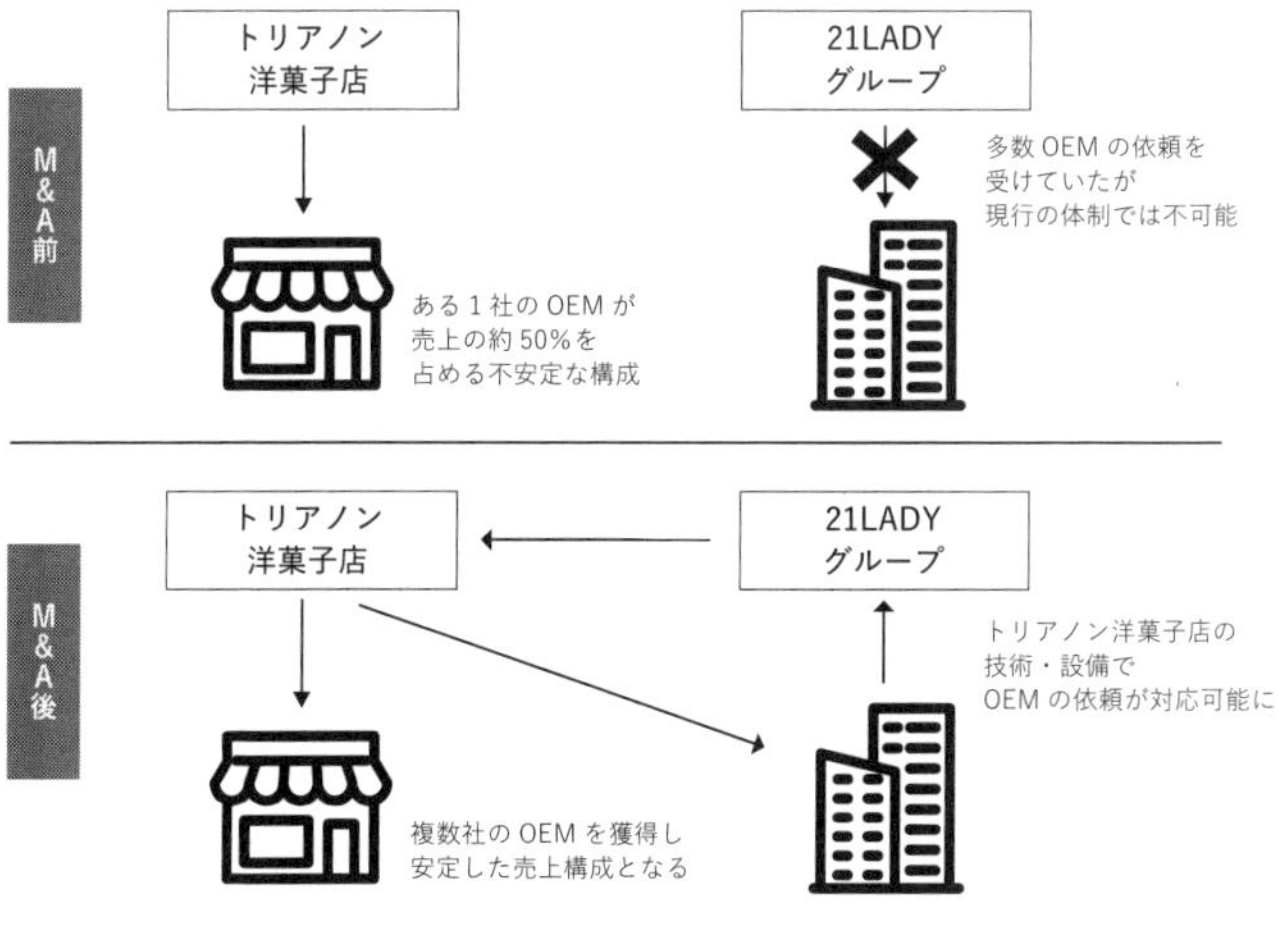

今回、トリアノン洋菓子店の譲受けに伴い、21LADYとしては高い洋菓子製造の技術を手に入れ、今後、他社からの依頼を請け負う体制を構築することもできると山田氏は考えた。

これまでのトリアノン洋菓子店のブランドや味を守りながら、M&Aによるシナジーを活かし、2社が共に成長するシナリオを山田氏は見据えていた。実際、M&A後に、早速、山田氏自らが開拓してきた有名店のOEM事業がスタートしている。

M&Aで夢が叶う

安西氏はM&Aを終えた今、こう振り返る。

「M&Aをしたら従業員の給料が上がり、労働時間は減り、休日数が増えました。自分ひとりでは決して実現できなかった夢が叶っている。もしM&Aに悩まれている方がいらっしゃったら、一歩前に進めてみてほしい」

これらのことが実現した背景には、次のような取り組みがある。

・トリアノン洋菓子店が多忙な時期は、21LADYグループから人員を派遣

・トリアノン洋菓子店の製造機械の一部を洋菓子のヒロタの工場有休スペースに設置

このように、単独では解決できなかったことが、グループの力を借りることで実現できるのは、まさにM&Aによるメリットといえよう。

安西氏は2021年7月現在も代表取締役社長として勤務している。もちろん、経営とは何が起こるかはわからないもので、外部環境の変化や体調の変化などさまざまな理由から、いつかは後進に道を譲る日は訪れる。

しかしながら、高円寺からスタートした洋菓子店の3代目は、偉大なる先人たちの後を引き継ぎ、その誰もが成しえなかった上場企業のグループ入りや、上場企業の子会社社長になるという大きなステップをM&Aによって踏み出したのだった。

心残りのない人生設計を

日本の食品業界は、技術面においてすでに世界水準にある。

外食業界において、『ミシュランガイド2020年版』を見ると、一つ星から三つ星までの「星」を獲得した飲食店の数として、世界1位の都市は東京の226店舗だ。ミシュランが本拠地を置くフランス・パリの119店舗の実に2倍近い数字を誇っている。さらには、世界3位は京都の105店舗、世界4位は大阪で97店舗と、日本の飲食店の実力の高さは折り紙つきである。

同様に、洋菓子業界においても、パティシエ・コンクールの最高峰といわれる「クープ・デュ・モンド・ドゥ・ラ・パティスリー」（1989年から2年に1回開催）にて、2019年までに開催された16回のうち、日本は世界1位を2回、世界2位を7回、世界3位を1回受賞している。

このように、世界を相手に食品業界が成長していく中、経営者の考え方もグローバル化が進んでいるように感じている。

2020年に日本M&Aセンターを通じて株式譲渡をしたオーナーの一人に、パティシエとして厚生労働省の「現代の名工」に選ばれた藤井克昭氏がいる。彼は自身が修行をしたフランスを振り返ってみてこう述べた。

「フランスでは、第三者へのM&Aが事業承継の手段として最も当たり前でした。海外の人たちには、余生を心から楽しもうという文化があります。子供に事業承継した場合、立場としてはオーナーではなくなっても、いつまでも子供のことが気がかりで、心という意味では引退できません。だから家族も第三者に譲渡することを歓迎しています。そして、第三者に企業を譲渡しても、会社やブランド、味が後世に残っていくのであれば、それは素晴らしいことだと考えています」

日本では「子供が継ぐこと」を第一優先に考える風潮も過去にはあったが、藤井氏はこれを「日本特有の〝見栄〟の文化だと思います。何となく第三者に譲渡することに後ろめたい風潮がある」と述べた。確かにそうかもしれない。

ただ、人生100年時代と言われる中で、いつまでも子供の経営について心配をするよりも、「思い切り残りの人生を楽しみたい」という考えがあってもよいと私は思っている。特に創業オーナーは、これまでに十分に苦労もしてきているはずだ。いつかは必ず事業を離れるときがくる。その時を見据えたプランを設計しておくことが経営者には大切ではなかろうか。

調剤薬局

M&Aコンサルタント：沖田 大紀

青山学院大学経済学部卒業後、大和証券を経て、日本M&Aセンターに入社。入社以来、調剤薬局業界の担当として地域問わず、中堅・中小企業のM&Aに取り組む。2020年3月期に全社年間最多成約数を記録。

データから読む調剤薬局の動向
——M&A後も経営を行う元オーナーが増加

改めて、調剤薬局とは、病院やクリニックの近隣に立地し、医師から発行される処方箋をもとに医薬品を患者へ販売をする事業である。

1970年代、薬は医療機関で医師から買うのではなく、薬の専門家である調剤薬局で買うという「医薬分業政策」によって、多くの調剤薬局が開業し始めた。それからわずか40年で分業率は70％以上となり、7兆円の市場が生まれ、調剤薬局は全国で6万店舗を超えてコンビニエンスストアよりも多いといわれるほどとなった。

国の政策誘導によって調剤報酬が増加したことで急増してきた調剤薬局業界だが、近年では社会保障費の抑制もあり、これまでと同様のことをしていると収益が下がってしまう状況にある。調剤薬局の収益の源泉である調剤報酬や薬価の改定、ドラッグストアなどとの競争激化によって、業界環境は変化してきている。

日本M&Aセンター調剤薬局支援室では、現在のように調剤薬局業界のM&Aが定着していない2012年から専門チームを発足し、支援を行ってきた。同支援室を立ち上げた渡部は、あらゆる業界で上位企業に集約されていく流れから、発足後の数年で調剤薬局業界のM&Aが加速し、大手調剤薬局のシェアが増えていくはずだと強く提言してきたが、当時は多くの経営者や関係者から「調剤薬局業界はその他の業界とは違って、業界再編は起こらない」という声もあった。

次ページ図表3-5-1は、過去に当社が開催した調剤薬局業界関連のセミナーのタイトル(抜粋)である。情報発信をすることによって、「患者に対してよりよい医療サービスを提供し、地域医療に貢献する」という調剤薬局企業をM&Aを通して支援してきたと自負している。

当社の過去10年間の調剤薬局の累計成約件数は、毎年25%以上のペースで右肩上がりに伸び

図表 3-5-1　当社が開催した調剤薬局関連のセミナー

2012年4月	調剤薬局・ドラッグストア M&Aセミナー	調剤薬局業界に再編が始まった！ 3年後に調剤薬局業界のM&Aがピークになる！
2013年4月	調剤薬局オーナーのための 事業承継／業界再編セミナー	4割のオーナーが 売却の打診を受けていた！
2014年8月	中堅薬局チェーン譲渡の時代が来た！	アイン／日本調剤のM&Aが活発化！
2015年2月	在宅で激変！ 地域薬局オーナーのための M&A体験談	業界再編が本格化！ 中堅地域薬局の譲渡がスタート
2015年11月	報酬改定直前！ 地域薬局の M&A「成功の極意」	4〜6月にM&Aセンターは前年比2倍以上（13件）のM&Aを成約！ 中堅地域薬局の譲渡が活発化
2016年6月	報酬改定で激変！ 業界再編はピークへ	地域大手の譲渡が活性化、中堅企業の買収が急増 メディカルシステムネットワークの考える10年後
2017年2月	地域薬局のM&Aが急増	地域大手調剤薬局がM&Aに取り組む理由 譲渡後、地域医療に貢献するオーナー、日本調剤の考える10年後
2017年7月	経営が必要な時代へ	多様な人材・多様な考え方を受け入れる企業が生き残る 10年後のビジョンを示せるか
2017年12月	IT化で変わるこれからの調剤薬局	調剤薬局市場と現状と今後クオールの考える10年後
2018年5月	真に患者に求められる薬局になるためには	調剤報酬改定で変わる薬局の姿 ファルメディコ狭間先生の在宅への取り組み
2018年12月	調剤薬局業界の未来を考える日 〜成功するための経営戦略〜	求められる薬局になるための6つのキーワードとは!? 企業規模別成功の法則
2019年2月	2018年の調剤薬局業界M&A徹底解説	大分県No.1薬局の譲渡。史上最多の相談件数！ ブローカーや契約直前の価格交渉が横行！
2019年7月	300社成約記念!! 100のM&A事例から読み解く成功の秘密 M&Aにおいて、相手を選べる立場になるには	創業44年、薬局経営の苦悩とM&Aという選択 100のM&A事例から読み解く“選べる薬局・選べない薬局”とは
2020年7月	世界が変わった！ 今、経営が変わらなければ“次”はない withコロナ新時代。危機に強い薬局になるためのM&A	若い経営者・複数店舗の経営者からの相談多数！ これからは“危機に強い薬局”が求められる時代
2020年12月	大手調剤薬局の経営戦略 （ファーマライズ・I&H・MSNW）	調剤薬局業界の次世代を担う経営者が語る、次世代型成長戦略とは
2021年5月	Pharmacy Leaders DAY カケハシ社・Npha会長との共催	DX戦略・次世代型薬局・M&A戦略

続けてきた。経営環境が変化していく中、「将来的に後継者がいないため、早めに事業承継を考えておきたい」「目指しているよりよい地域医療を実現したい」「早いうちに大手と提携することでさらに大きな成長を目指したい」などさまざまな理由があるが、多くの経営者の中でM&Aが経営戦略の選択肢のひとつとして身近になってきたことに伴い、市場も拡大している〈図表3－5－2〉。

譲渡企業の成約実績分析

ここからは、当社における2020年の調剤薬局業界の成約実績を分析していこう。譲渡企業および譲渡オーナーについては、「店舗数・1店舗当たりの売上高・オー

図表 3-5-2　当社の過去10年間の調剤薬局の累計成約件数（会社数カウント）の推移

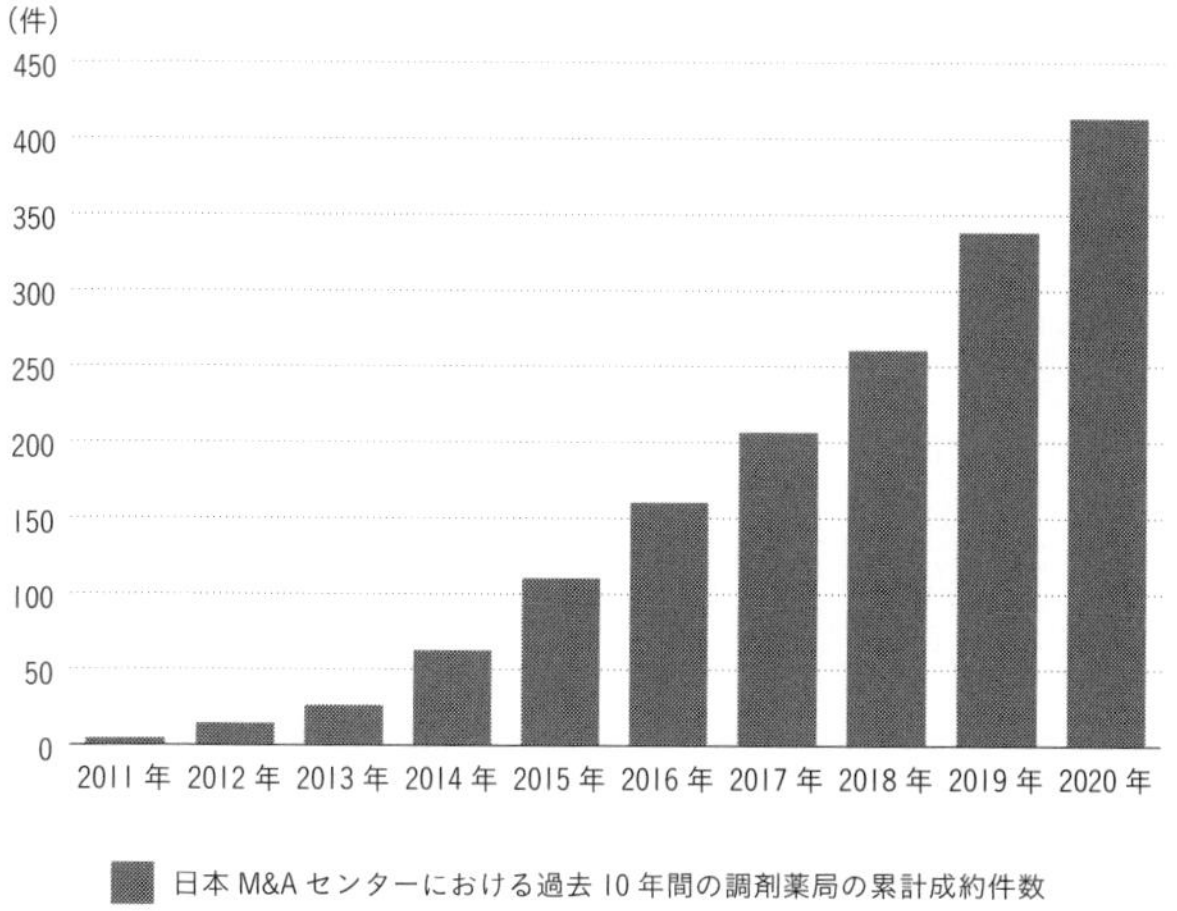

出典：当社仲介実績より（2021年2月）

ナーの年齢・譲渡理由」から、譲受け企業については「店舗数・売上規模・出店エリア」から、それぞれ動向を分析した。

図表3－5－3の上のグラフを見ると、1店舗のみ経営している企業が50％、複数店舗を経営している企業が50％となっており、平均は4・4店舗という結果になった。

注目すべき点として、5店舗以上を展開している企業が20％以上を占めていることである。さらに複数店舗の成約実績の占める割合は年々増加している。

データからは、店舗数にかかわらず、自社単独での経営に固執せず、多くの経営者の方がM＆Aを活用した自社の成長を選択していることがわかる。

図表3－5－3の下のグラフで1店舗当たりの売上高を見てみると、1店舗当たり平均2億円という結果となった。特に2億円以上の店舗が41％を占めている点に注目したい。1店舗当たり2億円以上の店舗であれば、一般的に優良と呼ばれる店舗であり、そのほとんどが黒字であることが想定される。さらには3億円以上が18％を占めているが、それらの店舗は十分な利益が出ていると考えていい。

そうした優良店舗を自社で持ちながらも、M＆Aをされるオーナーが多いことがわかる。

図表 3-5-3　譲渡企業の店舗数と1店舗当たりの売上高

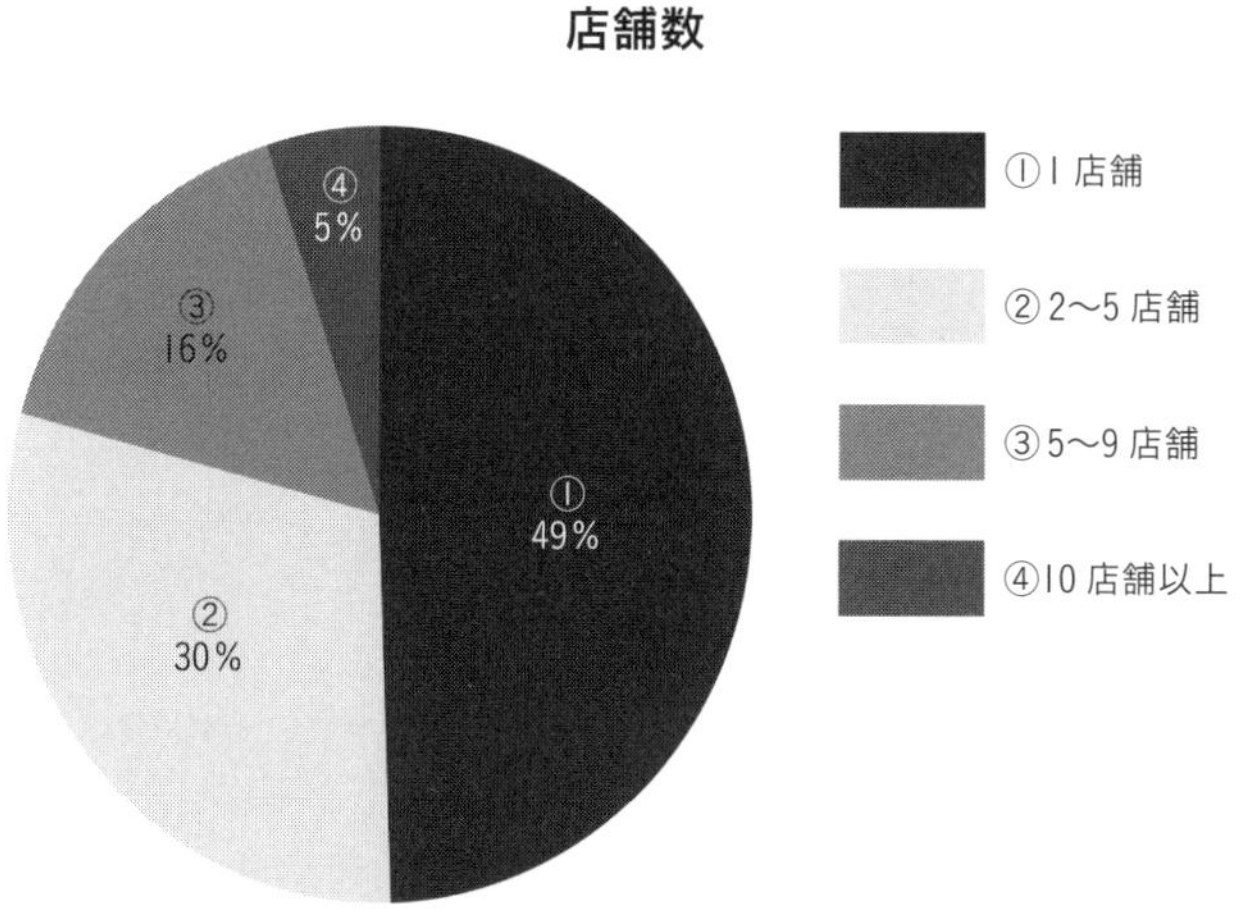

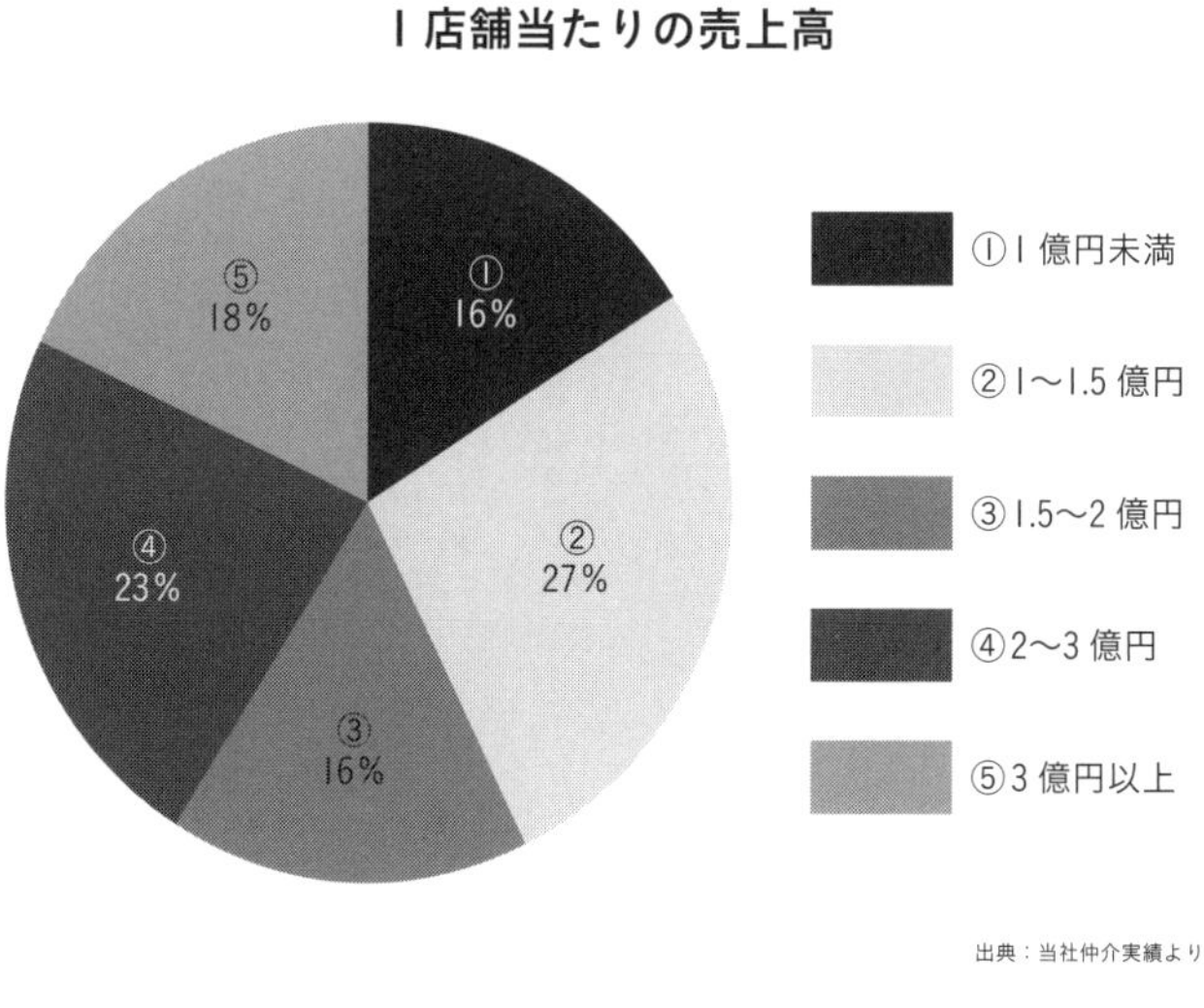

出典：当社仲介実績より

また、譲渡オーナーを年齢別に表してみると、図表3-5-4の上のグラフのようになる。平均年齢は52歳となるが、この数字には、比較的若いという印象を持つ方が多いのではないだろうか。かつては、M&Aといえば後継者不在の企業が自社を存続させるための最終手段として認知され活用されてきたケースが多かったが、現在では自社を発展させるための経営戦略のひとつとして考えられていることが影響している。

付け加えれば、調剤薬局業界でも、「M&A=引退」ではなく、M&Aによって譲渡したオーナーがそのまま経営陣として残り、経営を続けるというケースも非常に多くなっている。M&A後もオーナーは経営を続け、大手企業と手を組むことでさまざまなリソースを活用し、これまで目指してきた医療サービスを実現する事例も多い。

譲渡理由についてヒアリングをしたところ、図表3-5-4の下のグラフのように、後継者不在の割合よりも、成長戦略や経営課題を解決するためのM&Aの合計のほうが多いことが注目すべき点だといえる。

譲渡オーナーの平均年齢が52歳であることや、50歳代未満が27%を占めていることからも、M&Aをポジティブに考え、会社の将来のために選択していることがわかる。

図表 3-5-4　オーナーの年齢と譲渡理由

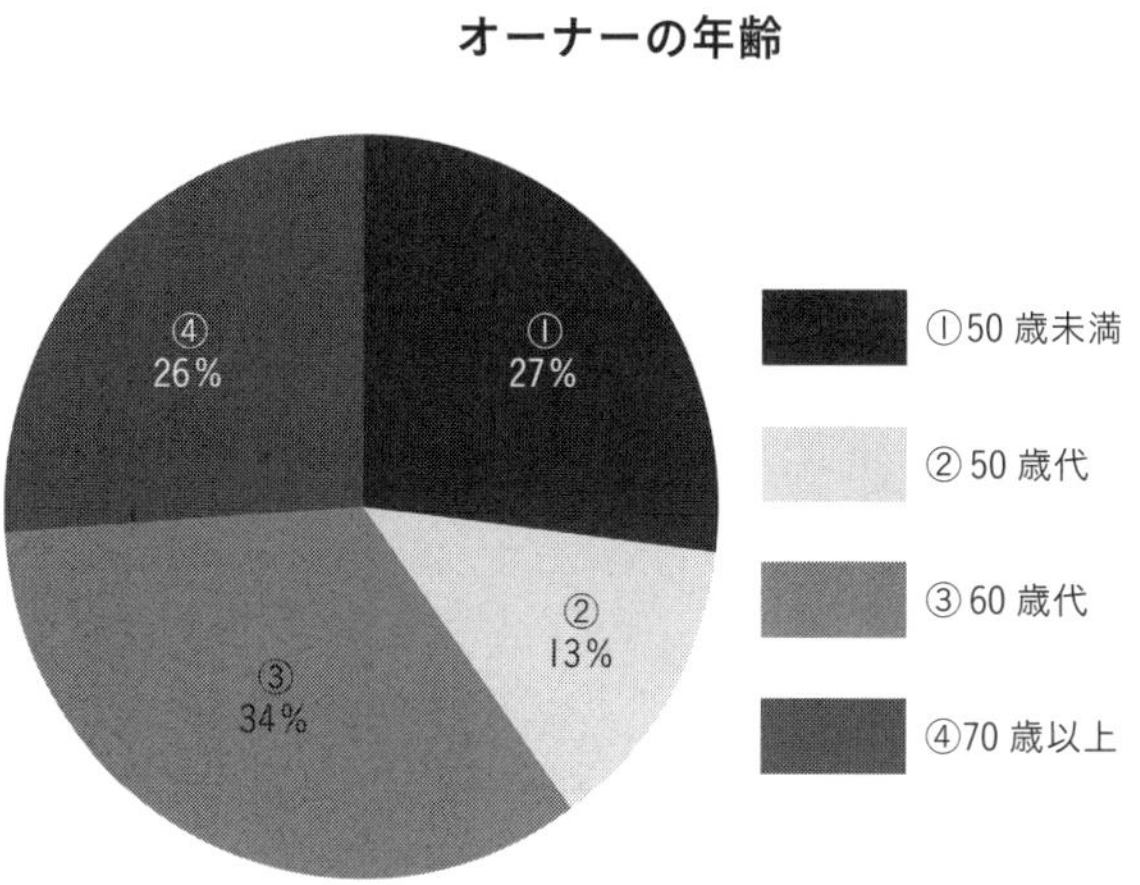

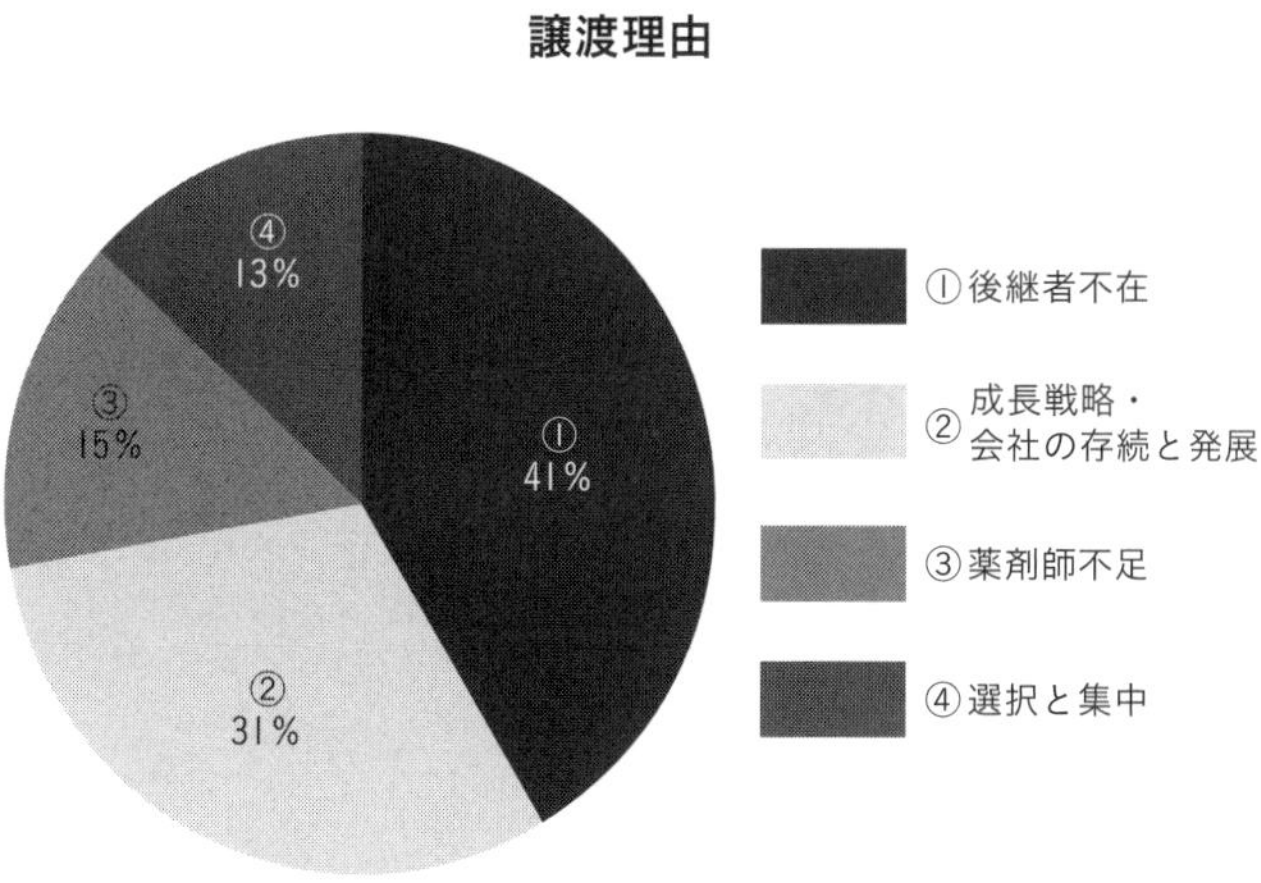

出典：当社仲介実績より

譲受け企業の成約実績分析

図表3－5－5の上のグラフからわかるように、調剤薬局業界の大手（上場）企業の主要プレイヤーなど300店舗以上の企業が40％を占める一方で、100店舗未満の中堅企業の割合も一定数を占めている。大手企業だけでなく、あらゆる店舗数の企業が、M＆Aによって自社を成長させていることがわかる。売上規模別で見ても、平均200億円となる一方で、20億円未満の割合が63％だ。M＆Aが広く認知され、あらゆる規模の企業が自社の成長のために検討していることが注目すべき点である。

譲受け企業の出店エリアから分析すると、同一県内の企業であるケースが約40％となり、同エリアを含めると55％を占める。全国展開をしている調剤薬局業界の大手（上場）企業の主要プレイヤーを除くと、自社の展開エリアで、店舗間の連携が取れる範囲で譲り受けているケースが多いことがわかる。

大手（上場）調剤薬局のシェア

調剤薬局業界は現在約7・7兆円の市場である。最大手のアインホールディングスの売上が2973億円であり、シェアにすると約4％である。また、その他調剤薬局業界の大手（上場）企業の主要プレイヤーを合計しても約20％のシェアしかない。調剤薬局業界の大手（上場）企

図表 3-5-5　譲受け企業の店舗数と売上規模、出店エリア

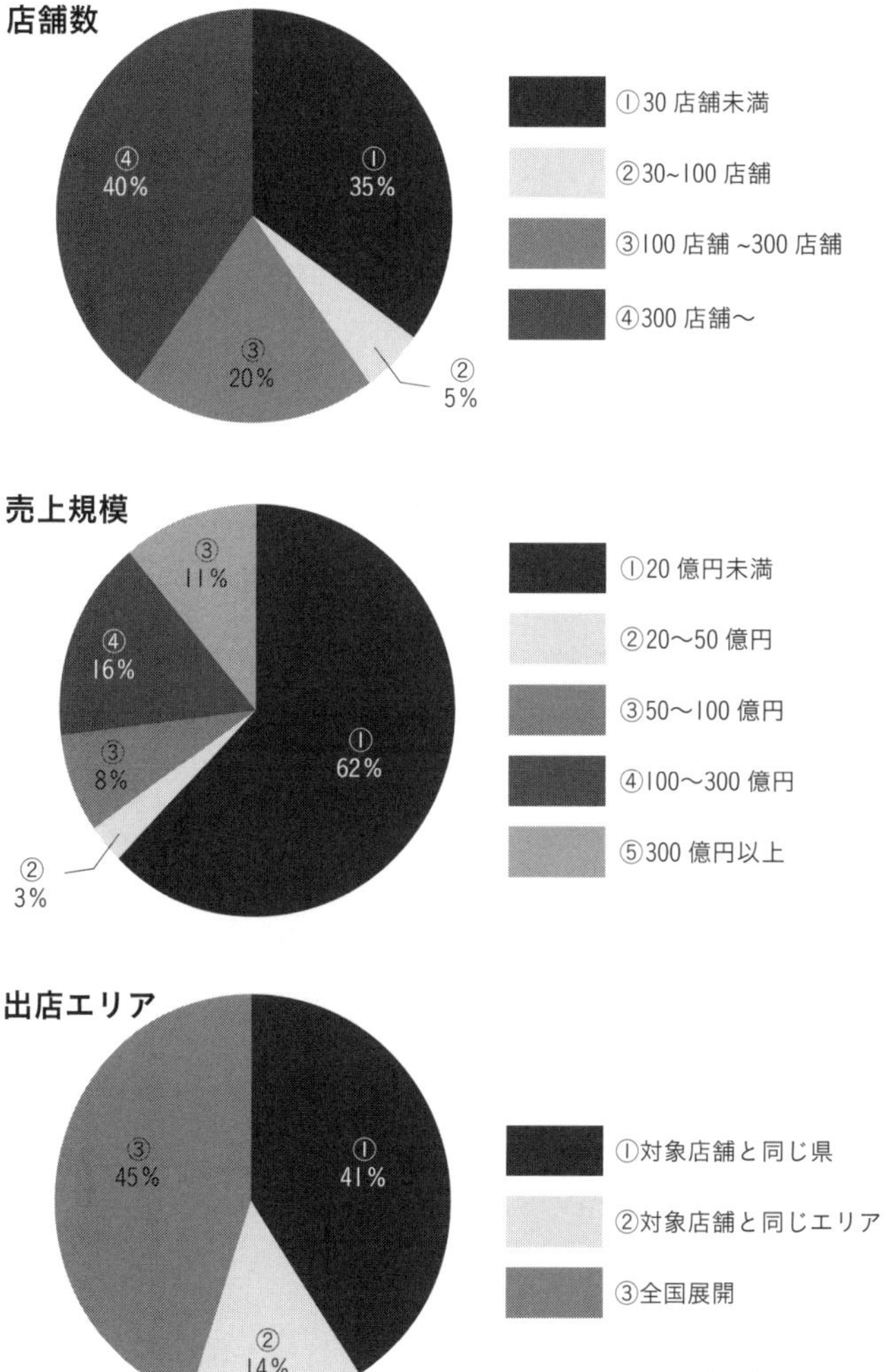

出典：当社仲介実績より

業の主要プレイヤーの多くは、これまでM&Aを活用し規模の拡大をしてきたが、他業界と比較すると、それでも寡占状態が続いていることがわかる。ただし、図表3－5－6に示したように、2009年から2020年にかけて、大手（上場）企業の主要プレイヤーのシェアは確実に増加しており、2012年に提唱した通りの結果となっている。

これらの動きからもわかるように、「隣の医療機関からの処方箋に基づき調剤する」という既存事業モデルだけで利益を生む時代は終わりを迎え、〝普通の調剤薬局〟では成長できない環境に変化してきているのだ。

実際に調剤薬局業界の大手（上場）企業の中には、調剤薬局事業とは別の事業モデルを立ち上げ、収益の柱のひとつとして確立し始めている。これには、大きな資本力や組織力、さまざまなノウハウ、多種多様なスキルを持つ優秀な人材などの経営資源が必要となってくる。

豊富な経営資源を持ち、将来のためにこのようなことに取り組める企業が、今後も調剤薬局業界をけん引していくことになるだろう〈184ページ図表3－5－7〉。

大手ドラッグストアの調剤薬局業界への積極的な進出

一般的な調剤薬局が、「隣の医療機関からの処方箋に基づき調剤する」ことが多い一方で、ド

図表 3-5-6　大手（上場）調剤薬局のシェア推移

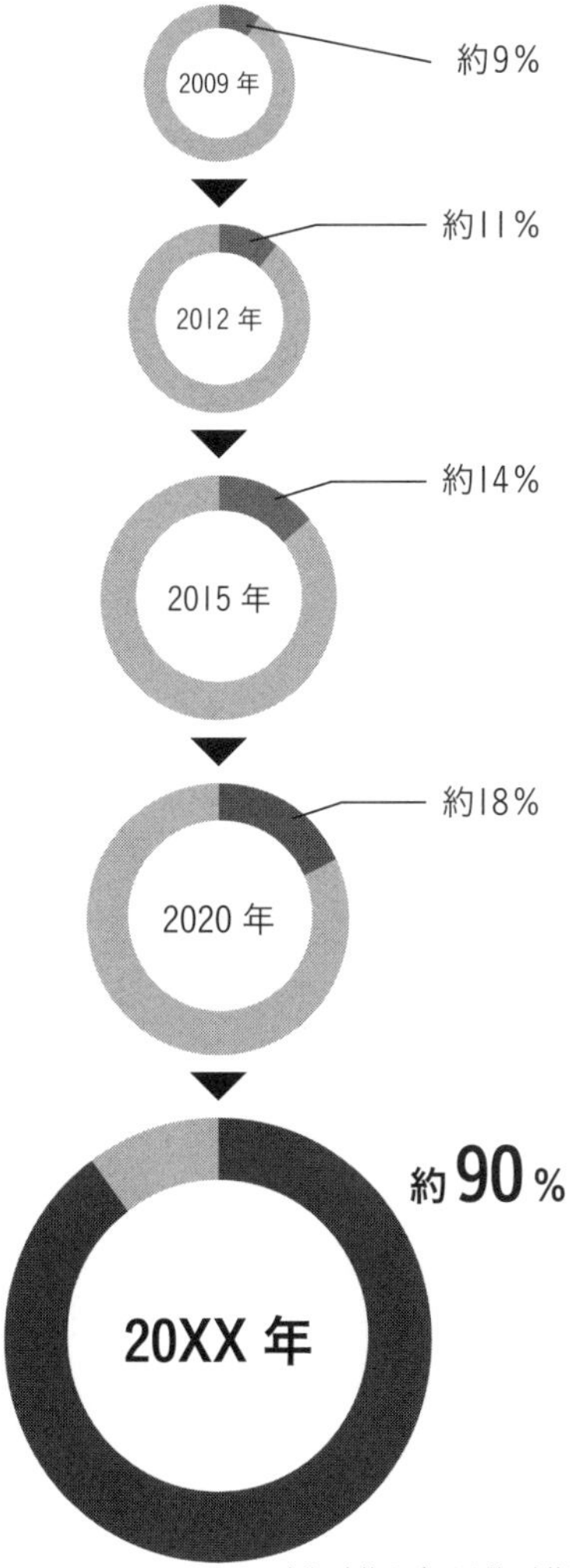

出典：各社 IR データを基に当社作成（一部当社推計）

図表 3-5-7　大手（上場）調剤薬局 8 社のシェアの比較

2009年度		
社名	調剤売上高	占有率
アインホールディングス	1,018億円	1.75%
日本調剤	827億円	1.42%
クラフト	757億円	1.30%
クオールホールディングス	490億円	0.84%
ウェルシアホールディングス	140億円	0.24%
総合メディカル	452億円	0.78%
スズケン	952億円	1.02%
メディカルシステムネットワーク	354億円	0.61%

2021年度		
社名	調剤売上高	占有率
アインホールディングス	2,631億円	3.53%
日本調剤	2,441億円	3.24%
クラフト	1,742億円	2.34%
クオールホールディングス	1,488億円	2.00%
ウェルシアホールディングス	1,176億円	1.58%
総合メディカル	992億円	1.33%
スズケン	901億円	1.21%
メディカルシステムネットワーク	911億円	1.22%

出典：各社IRデータを基に当社作成（一部当社推計）

※ 調剤売上高は各社の決算期末に準ずる

ラッグストアは食品や日用品などさまざまな商品を取りそろえ、それらを買い物に訪れた地域住民などが処方箋を持参するなど、より広域から処方箋を応需している。

昨今、大手ドラッグストアは調剤事業を新たな成長分野とし、積極的な新規出店やM&A、あるいは既存店舗の調剤併設店化などで、調剤薬局業界での存在感を強めている。これらの展開の勢いは強く、地域でより大きな力を持つための地盤固めとして、M&Aを積極的に活用しているのだ。

次ページ図表3-5-8は、調剤薬局業界の大手（上場）企業の主要プレイヤー上位10社の調剤部門の売上高を示したものである。

2014年には、上位10社のうち、7位にココカラファイン、8位にツルハHD、9位にウエルシアHDという3社が大手調剤チェーンに続いていたが、2021年度では、3位にウエルシアHD、5位にスギ薬局と、大手調剤チェーンをしのぐほどに成長を加速させている。店舗数でみれば、ウエルシアHDが1638店舗で最多となり、調剤薬局最大手のアインHDを数百店舗上回るまでとなっている。

ドラッグストア業界においては、マツモトキヨシとココカラファインの経営統合の発表がされるなど、業界再編の真っ只中でもある。大型のM&Aによってさらに力をつけた大手ドラッ

図表 3-5-8　調剤薬局の大手（上場）企業の調剤部門売上高

2014年度			
順位	会社名	売上高	店舗数
1	アインホールディングス	1,641億円	754店舗
2	日本調剤	1,580億円	511店舗
3	クオール ホールディングス	1,032億円	538店舗
4	東邦ホールディングス	922億円	683店舗
5	スズケン	853億円	594店舗
6	メディカル システムネットワーク	717億円	345店舗
7	ココカラファイン	460億円	227店舗
8	ツルハホールディングス	445億円	325店舗
9	ウエルシアホールディングス	435億円	663店舗
10	ファーマライズ ホールディングス	373億円	245店舗

2021年度				
順位	会社名	売上高	店舗数	売上高成長率 (対2014年度比)
1	アインホールディングス	(予測)2,648億円	1,151店舗	61.4%
2	日本調剤	2,411億円	670店舗	52.6%
3	ウエルシアホールディングス	1,742億円	1638店舗	300.5%
4	クオールホールディングス	1,488億円	793店舗	44.2%
5	スギホールディングス	1,176億円	1,267店舗	―
6	メディカル システムネットワーク	992億円	416店舗	38.4%
7	スズケン	901億円	592店舗	5.6%
8	東邦ホールディングス	911億円	777店舗	▲1.2%
9	ツルハ ホールディングス	856億円	615店舗	92.4%
10	ココカラファイン	701億円	419店舗	52.4%

出典：各社IRデータを基に当社作成（一部当社推計）

グストアは、その強大な資本力を活かし、出店攻勢をかけている。今後もその潮流に沿い、強大な資本力を活かした大型のM＆Aが増加することは、必然的な流れとなるだろう。

さらには、ドラッグストア企業と地域を代表するような調剤薬局チェーンとのM＆Aも増えており、今後もこの動きが加速し、より熾烈な競争となっていくことが予想される。

今後の調剤薬局におけるM＆Aの展望

調剤薬局業界においては、生活・行動様式の変化に伴って、オンライン服薬指導、服薬フォローアップなど、薬局・薬剤師の在り方にも変化が表れている。今後はより立地に依存しない薬局経営が求められるようになり、そのビジネスモデルはさらに大きな転換を遂げていくことが想定されている。そうした中、今後の調剤薬局業界では、次のようなM＆Aの潮流が続くとみられる。

2020年、当社の成約実績ベースでは、譲渡企業の約6割が、オーナーの年齢とは関係なく、成長戦略や経営課題を解決するためにM＆Aを実施している。

前述のように、譲渡企業オーナーがM＆A後も継続して社長として経営していくケースは非常に多く、今後もそういったM＆Aは増えていくだろう。M＆Aによって大手グループとなることにより、親会社の持つＩＴシステムを管理する専門部門、資金調達の部門、優秀な人材を採用するための人事系の専門部門など、本部機能が充実していることが大きな強みであり、グループのさまざまなリソースを活用しながら自社を発展させ、目指していた地域医療を実現していくというＭ＆Ａが今後も増えていくだろう。

一方、コロナによる市場の変化を意識し、買収によってさらに大きく成長を目指していくという企業も増加傾向である。

限られたエリア内で10店舗から30店舗とドミナント展開している中堅企業のＭ＆Ａが、近年は増加傾向となっている。売上や利益もしっかり取れているものの、従業員の教育体制のより一層の整備や、新卒採用の強化など、自社が目指す質の高い医療サービスの実現のために、中長期的な未来を見据えて、企業文化の合致する大きな企業との戦略的な資本提携を目指していく動きが増加していくだろう。

80年の歴史を持つ老舗が出した結論

九州のある地域に、創業約80年の調剤薬局を運営している小宮薬局（社名・人物名などはすべて仮名）がある。同社が調剤薬局を運営している地域は、中心街から車で１時間半ほどの距離にあり、山に囲まれ自然豊かな地域だ。小宮薬局は長きにわたり、この地域での調剤薬局の運営を通して、地域住民に対して日々、医療サービスを提供してきた。

小宮薬局は、薬剤師であった小宮社長の祖父が、勤務していた地元の総合病院を退職し、看護師だった祖母と現在の地に開局。祖父の代（昭和初期）は、薬局自体が珍しく、薬局製剤や一般薬の販売で地域住民から支持され、経営は順調だった。その一方で、小宮社長の父や伯父の学費に伴っての借金の返済に迫られるなど、暮らしぶりは楽とはいえない。小宮社長の父が薬科大学を中退して薬種商を取ったのち、2代目として跡を継ぎ、医薬品や化粧品、雑貨などを販売するようになった。現代の調剤薬局の前身ともいえる、昔は町中によく見かけた「薬屋さん」を経営していた父の背中を見て、小宮社長も薬学の道に進み、薬剤師となったのだ。

小宮社長は大学卒業後、3代目として同社を継ぐ。承継にあたっては、経営の勉強や薬の販売方法の研究など、さまざまな試行錯誤を必死に行ってきた。その中で経営の1本の柱として、処方箋の受付を始め、調剤薬局3店舗を展開するに至った。

親族を縛らず、引き続き地域医療に貢献するために

昔から地域医療に貢献されてきた実績と医薬分業の流れにも乗り、調剤薬局の経営は順調そのもの。また、小宮社長には後継者候補として、薬学部に通う息子がおり、後継者問題もクリ

アしている。しかし、そのような環境の中でも、親族へ会社を承継するのではなく、M&Aを選択され、大手調剤薬局グループに株式を譲渡したのだ。

M&Aをする前、小宮社長の父は86歳と高齢だったが、その年齢でも小宮社長を心配していたという。「2代目から3代目に承継をした後にも、父と子というのはそういうものだ」と愛情の深さに感謝すると同時に、小宮社長自身は、引退し、年を取ってまでそんな心配をしたくないとも感じたのだ。

また、小宮社長自身が息子に対して「跡継ぎになってほしい」とはひと言も口にしたことはなかったが、自然に周囲はそうした目で見るようになっていく。このままでは、周囲の目が息子たちを知らないうちにその気にさせてしまうとも考えた。「彼らの未来に自由を残してあげたいという思いもあってM&Aすることを決めた」とその理由を語った。

2014年にM&Aを実行した後も、現在に至るまで、小宮社長は大手調剤薬局グループの子会社となった同社の代表取締役として経営を続け、当時3店舗あった小宮薬局は順調に成長し、現在は6店舗まで展開している。

自然災害時、大手ならではの対応で地域をサポート

地震や台風、豪雨などの自然災害が発生するたびに、小宮薬局は地域医療を担う重要な薬局として、緊急時にも多くの患者に医薬品を適切に提供する役割を担ってきた。ところが、ある年に記録的な豪雨が小宮薬局の営業地域を直撃し、近くの河川が氾濫するなど大きな被害を受ける。

近隣の住宅が大きな被害を受ける中、小宮薬局も医薬品を保管してある調剤室をはじめ、店内は浸水し、調剤をするためのあらゆるシステムの機材が水没。そのほとんどが使用できない状態となり、薬局として営業できる状況ではなくなった。

また、薬局に勤務する従業員の方々も被災者であり、自宅が浸水し、家中が泥で埋まってしまった方や、自宅が流されてしまった方、友人が行方不明になってしまった方もいたという。生活していた家や家具をすべて失い、自分自身や家族の命を守ることで精一杯にならざるを得ない状況では、医療に携わる調剤薬局といえども、業務の復帰は非常に困難だ。

店舗や従業員が被災してしまえば、長期休業や、場合によっては閉局もありうる。しかし、豪雨の当日、小宮社長のもとに、親会社である大手グループ本部より「薬局の早期復旧に向けてのバックアップをするので状況を教えてほしい」との連絡が入った。

このスピード感には小宮社長も驚嘆し、即座に親会社のグループ本部から機材や備品など営業再開に必要な設備が届き、驚くべき早さで営業を再開することができた。これに加えて、水没してしまった店内の片づけや掃除など、営業を再開するために通常時以上に人員が必要となるが、被災後すぐに親会社から薬剤師を派遣してもらうことができ、復旧体制が整ったという。

小宮社長は「ヒト・モノを中心とした、スピード感のあるサポートをいただけたのは、大手企業と提携していなければ絶対に叶っていなかった。近隣の薬局よりも早く営業を再開したので、当時は通常時の倍近い患者様が来局された」と当時を振り返る。

単独経営ではできないスピードで、患者様が求めているサービスを被災後いち早く提供することが叶った。医薬品を必要とする地域住民の方々に安心を届けることができ、調剤薬局としての責任を果たすことができたのだ。

今後はさらに多様で重要な役割を担う調剤薬局

調剤薬局業界はこれまで述べてきた通り、国の政策や人口動態の推移から考えると、大きな業界再編の波が訪れると予想される。さらに医療や介護などの地域サービスとの連携強化、I

T化への対応など、これまでとは違った経営に取り組む必要が出てきており、近隣の医療機関から処方箋を受け取るというビジネスモデルは変化していく。

すでに調剤薬局は地域医療に欠かせない存在となっており、今後はより多くの重要な役割を担っていくことが期待される。これからの変化の激しい調剤薬局業界において、患者が求めるよりよい医療を適切に提供し、地域医療の貢献を続けるために戦略的に大手と手を組むケースが増加していくだろう。

多くの調剤薬局のオーナーは、地域医療に貢献したいという強い思いをお持ちだ。同じ志を持っている企業同士が集まり協調し合うことによって、単独では実現が難しいことが可能になれば患者へ還元でき、調剤薬局業界の発展にもつながる。私たちは、よりよい医療の実現を目指す手段であるM&Aを通して調剤薬局業界を支援していきたい。

建設業界

M&Aコンサルタント：中崎 裕貴

同志社大学経済学部卒業。バークレイズ証券、マッコーリーキャピタル証券で国内外の機関投資家向け金融商品の投資戦略立案と提案業務に携わった後、日本M&Aセンターに入社。以降、業界再編部にて建設業界のM&A成約に取り組む。

データから読む建設業界の動向
——準大手以下のゼネコンでM&Aの活用が活発化

建設業界は、日本の高度経済成長と軌を一にして成長してきた。１９９２年には国内の市場規模を表す「建設投資額」が約84兆円とピークを迎える。だが、図表３-６-１に示すように、バブル崩壊後は下落が続き、２０１０年には約42兆円と、ちょうどピーク時の半分まで落ち込んでしまう。

その後、２０１１年の東日本大震災、２０１３年の第2次安倍内閣による国土強靭化計画や、

図表 3-6-1　この 60 年間の建設投資額

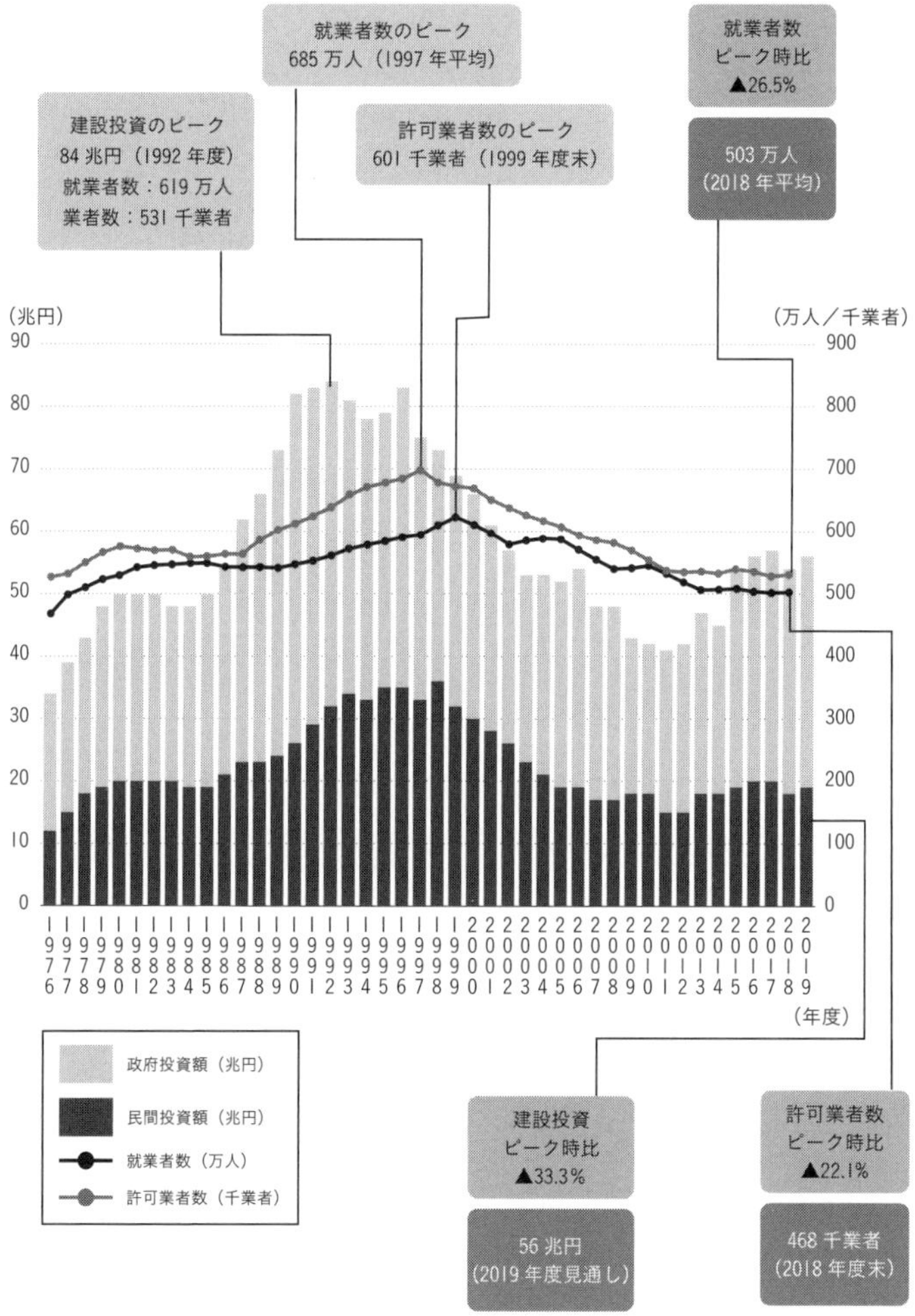

出典：建設業界の現状とこれまでの取組

東京五輪の開催決定などを経て増加に転じ、２０１７年以降は60兆円を超える水準で推移している。

建設投資の見通しは東京五輪後、コロナによる不透明感から民間投資が減少する一方、政府投資が一定の下支え要因となり、大幅な減少とはなっていないものの、２０１９年をピークに数年は低減していく見通しが発表されている。

ここのところ、スーパーゼネコン5社は、海外への展開を進めるための海外企業、あるいは設計・施工の効率化を目的としたＩＴやテクノロジー系の企業との資本提携に集中しており、国内の同業他社とのＭ＆Ａの動きはみられない〈図表３‐６‐２〉。

その一方で、準大手以下の主要ゼネコンは、業界内での勝ち残り戦略としてＭ＆Ａを活用している。施工体制強化・エリア拡大戦略のための同業のＭ＆Ａや、第2、第3の柱をつくるための隣接・異業種のＭ＆Ａ、あるいは大手住宅会社などのグループに入ることで合従連衡による成長を目指す会社も数多くみられる〈図表３‐６‐３〉。

建設業界の役割と活路

建設業界は、先ほども述べたように２０１３年以降は回復局面に入っているが、関東、特に

図表 3-6-2　スーパーゼネコンによる近年のM&A公表事例（一部）

会社名	年	提携先企業情報
清水建設	2019	バカン（AI、IoTによる混雑情報配信サービス）
鹿島建設	2019	スチューデントデポ（不動産・ホテル業）
大林組	2018	サイズミック （ロボット工学を利用したパワードスーツ開発）
竹中工務店	2017	HEROZ （AIを活用した構造設計システム開発、「Ponanza（将棋電王戦優勝ソフト）」の開発メンバーが在籍）
鹿島建設	2017	コクラム（オーストラリアの建設業）
大林組	2014	クレマー（アメリカの建設業）

出典：各社IRデータを基に当社作成

図表 3-6-3　主要ゼネコンによるM&A公表事例（一部）

会社名	年	提携先企業情報
高松コンストラクショングループ	2019	タツミプランニング（建設）
飛島建設	2018	ノダック、ジャパンレイクアンドキャナル（建設）
戸田建設	2018	佐藤工業（建設）
徳倉建設	2017	九州建設（建設）
熊谷組	2011	白糸ハイランドウェイ（運輸・倉庫）
鴻池組	2002	新井組（建設）

出典：各社IRデータを基に当社作成

東京への一極集中の様相が強く、地方では苦戦を強いられているという声も聞かれる。建設投資も関東が日本全体の36％（2020年度、見通し）を占めている。ただ、建設業は地域インフラの整備や維持のほか、増加する大規模災害への対応にもあたり、また地方の主要産業として雇用を担うという非常に重要な役割を担っている。

地方の建設会社がそうした役割を果たし、地方創生に貢献するための活路のひとつが、「老朽化する社会インフラの維持・修繕分野」への展開である。現在、高度経済成長の時代に作られた道路・橋梁・トンネル・上下水道管などの社会インフラは老朽化が進み、全国的に更新する時期に入ってきている。従来は、発注者側からのニーズは新設工事が中心だったが、近年は新設工事のニーズが激減しているのに対し、維持・修繕の需要が大きく増加してきている。維持・修繕分野のM&Aの事例を図表3－6－4に示したが、これからの時代で勝ち残っていくのは、この分野での優位性を見出せる会社ではないだろうか。

建設業界のもうひとつの重要な役割が、「海外でのインフラ建設」である。日本の建設会社は、第2次世界大戦よりも前から、海外でのインフラ工事に携わってきた。技術力・信頼性や納期の順守などの点で、これまで日本企業は高く評価されていたが、近年は中国企業などの陰に隠れてしまっている。

これまで、建設業界の海外売上は、1990年代中盤と2000年代後半に1兆6000億円前後に達していたが、政府は２０１３年に「インフラシステム輸出戦略」を決定。官民一体となった海外展開の推進を図り、それ以降は１兆８０００億円を超える売上も記録している。

スーパーゼネコンが海外展開の手法としてM&Aを活用しているのは先ほど述べた通りだが、中でもいち早く海外M&Aを活用して強固な事業基盤を作り上げたのが、建設機械大手のコマツで、１９９６年からアメリカのモジュラーマイニングシステムズに資本参加し、ICT化への挑戦を進めてきた。同社はGPSを使って建機の状況管理や位置確認を行うソフトウェアを開発している会社だ。

建設業界も異業種とのM&A・協調が基

図表 3-6-4　維持・修繕分野における M&A 公表事例（一部）

会社名	年	提携先企業情報
東亜グラウト工業	2018	みぞぐち事業（コンクリート構造物メンテナンス）
飛島建設	2018	ノダック、ジャパンレイクアンドキャナル（水インフラ施設の整備、維持管理）
前田建設工業、第一カッター興業、デジタル・インフォメーション・テクノロジー	2018	トヨコー（屋根の防水、断熱、補強工事）
コニシ	2017	角丸建設（ゼネコン）
日本電通	2017	大一電業社（電気設備メンテナンス）
コムシス	2015	日本アフター工業（各種ポンプ設置、メンテナンス）

出典：各社IRデータを基に当社作成

本戦略となる時代を迎えている現在、本格的な海外市場への進出や技術革新に不可欠なテクノロジー業界との融合のために、日本企業には強固な組織体制が求められる。

ニーズ激変の時代に生き残るカギとなる方策とは

近年、建設業界は、「マーケットの成熟」「将来の担い手不足」「新設から維持修繕へ」という市場ニーズの変化を受け、大手企業によるメガプラットフォームグループ企業体制構築の時代へと移り変わりを見せている。

国土交通省が公表している1999年以降の元請完成工事高の推移では、公共工事・民間工事ともに新設工事市場は縮小する一方、維持修繕工事の占める割合の増加が顕著だ。特に公共工事では、元請け工事高に占める維持修繕の割合が20年弱で2倍近くに増加している。

これまで新設工事が中心だった時は、ひとつの工事には基本的にすべての専門工事が必要とされてきた。だからこそ、それぞれの専門工事会社による労働集約型の業界として、継続的な発展を遂げてきたと考えられる。しかし、維持修繕の割合が増加している現在の建設市場においては、ひとつの工事にすべての専門工事が必要とされるということはなく、特定の専門工事機能だけが必要とされることがスタンダードになってきた。たとえば、今回は電気工事と空調工事だけ、次回は衛生給排水工事だけといったように、「工事があれば自ずと専門工事も受注できる」という市場構造が成り立たなくなっている。

この市場で強みを持つのは、多種多様な維持修繕ニーズに直接の窓口として対応することができる、複数の専門工事機能を有する企業グループだ。ただし、ひとつの企業がゼロから複数の専門工事機能を新しく事業として創設していくことは、現実的に賢明な成長戦略ではない。

この変化する市場を生き抜くカギとなるのは、企業同士が手を取り合うことである。「企業グループ」という表現を用いたのはこのためだ。将来の建設業界を生き抜いていくためには、まず何より収益性のよい工事を受注することであり、維持修繕という多種多様なニーズ中心の建設市場では、多種多様な工事機能を持つ存在であることが必須だ。

だがそれは、1社がすべての建設機能を持つことではない。1社1社が各専門工事での強い競争力を追求し、別の専門工事に強い企業同士が手を取り合う「企業グループ」なのだ。

多様な専門工事機能を持つ複数の企業がひとつのグループとなることによって、社会のプラットフォームとして機能することができる。今まではひとつの市場の中でバラバラに活動をしていた各企業が、他企業を淘汰するレベルの巨大な企業グループとなり、市場そのものになる。これがメガプラットフォーム企業グループだ〈図表3-6-5〉。

現在、建設業界では、このような業界再編が非常に活発となっている。メガプラットフォーム企業グループは、専門工事の請負のみならず、ひとつの組織で社会の多様なニーズに対応できる。業界再編により、社会インフラ企業としてその地域の中核的存在になった企業だけが、健全な形で生き残れる時代を迎えようとしているのである。

なぜ「業務提携」ではなく「資本提携」なのか

では、なぜ業務提携ではなく資本提携なのか。業務提携は双方がリスクを取り合わない安全策であり、一方で本当に相手方のことを思う行動とは言い切れない。たとえるなら、遠い親戚と約束事をするような状況だ。同じ家に住み、家計を共にする状況とでは、真剣さがまったく異なること言うまでもない。

資本業務提携の関係を持つ企業グループは、同じ資本を共有する家族であり、自社の利益はグループの利益で、逆もまた同じである。いろいろな企業がヒト・モノ・カネという経営資源を持ち合い、グループ全体が持続的に成長していくことを必要とされるのが、業界再編時代なのである。

また、グループ企業の施工能力に余剰がある場合は、自社の急な技術者需要に応じて即時に

図表 3-6-5　1社ではなくグループで対応

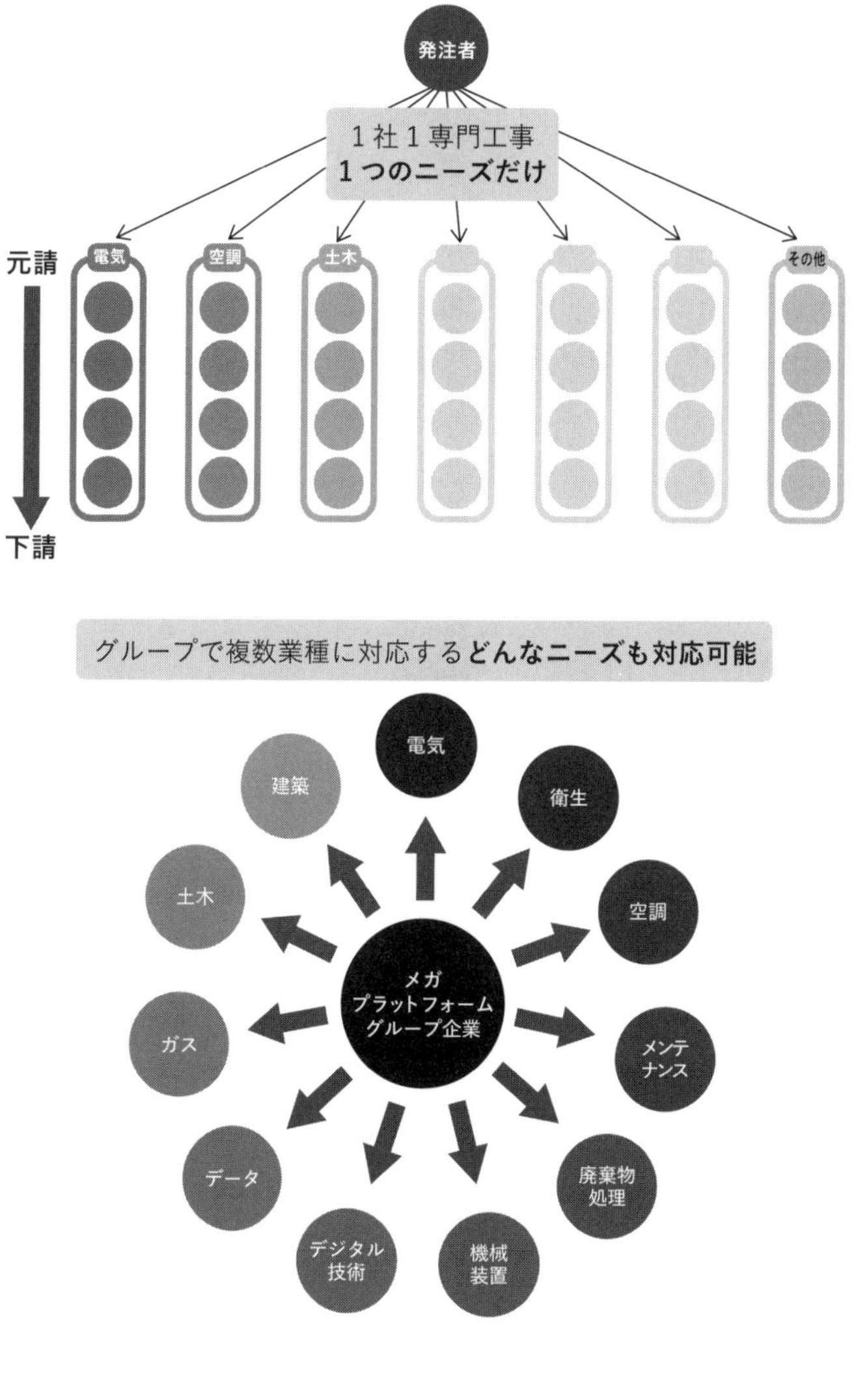

共有できる。加えて、人材獲得についても、上場の企業グループであれば新卒でも中途採用でも巨額の投資を行ってくれる。巨大な規模の家族経営と言い換えることもできるだろう。

加えて、時間とコストをかけて業務提携がうまく機能し、株主や代表同士がよい関係を築けた場合でも、株主も代表もいずれ別の人間に交代するときが必ずくる。そうすると業務提携の場合、またゼロからの関係構築が始まるのである。

資本提携先である場合、同じ資本・同じ理念を共有しているひとつの家族のため、そのような心配事は不要となる。

50代創業者がM＆Aを決断した理由とは

小島昌平社長（社名・人物名などはすべて仮名）から会社の将来に関するご相談をいただいたのは、同氏が創業してから35年という節目を翌年に控えた年のことだった。その企業・ＳＫＪ電設株式会社は、関東に本社を構え、電気工事業を日本全国で展開する専門工事業を営む会社である。

小島社長は50代半ば、経営者としてもまだまだ現役であり、相談時点で進行期の受注残も前期以上に見込めていた。２０２０年、世界中がコロナ禍で疲弊した年に、この会社は創業以来最高益を達成していた。

そのような中で、小島社長からいただいた相談は「自社の成長を加速させたい」ということ、そして「将来の事業承継問題を解決したい」という2点であった。

社長は23歳で創業し、ほかに取締役が3名いたが、この3名は技術担当であり、実質的には30年以上、社長が一人で会社経営を行ってきた。小島社長は非常にまじめに会社のこと、従業員のことを考える方であり、話し合いの中で、どうすれば社員の将来を守ることができるのか、どうすれば会社が持続的に成長していける構造をつくれるのか、といった内容を何度も議論した。

優しくまじめで、ひとつ何かを決断するために、そのことに関して熱心に勉強し、何度も再考を重ね、納得して初めて駒を一手進める。そんな社長であった。

成約してしばらく経つが、今もたまに電話をいただく、とても尊敬できる経営者である。

自社の成長を加速させるために

「5年、あるいは10年であれば、会社を存続させることは可能だと思う。ただし自社が50年目を迎えられるのか、今20代の従業員が定年になる時まで会社が存続しているか、それを考えた時に、底知れぬ危機感を感じる。自分はあと10年ほどで引退できるだろうが、自分だけ引退して従業員に『後は頼んだよ』という無責任なことはできない。だから自分が引退するまでに、会社が持続的に成長していける道を作りたい、作らないといけない」

小島社長は私の目を見つめながらそう言った。

これまで小島社長は、さまざまな方法を考え、実際に数多くの選択肢を俎上に載せ、顧問会計事務所にも相談をしてきた。その上で、いくつもの選択肢の中で一番正しいと思えることが「M&Aで強い企業と組むこと」であり、そのために一緒に最高のパートナー企業を探してほしいと語った。

事業承継に託した想い

会社の持続的な成長には、優秀な経営者が必要である。小島社長は何年も前から社員を経営者として育てようと数多くの施策を行ったが、他の従業員やその家族の未来を安心して託すことができる人材がどうしても育たなかった。技術者としては素晴らしく優秀であり、どこに出しても自信を持って推せる従業員であるが、他の従業員の未来を託すことができる経営者としては話が異なる。

社外で優秀な経営人材を見つけることも現実的ではない。ただでさえ人材不足の建設業界の中で、単体経営を行う売上数億円規模の企業に優秀な経営者が来てくれることは、なかなか叶うものではない。それゆえM&Aが一番合理的な選択肢であると小島社長は考えた。

また、小島社長がふと自分の人生を考えた時に、いつ、どんな時も奥様の応援があった。親の応援があった。家族の応援があった。それなのに自分は一番近くで支えてくれた人たちへの恩返しができていない。恩返しをしよう。そう考えた時に、今の状態では死ぬまで家族との時間が持てない。

だからこそM&Aで会社に安定をもたらし、従業員や取引先へ感謝を伝えるのと同様に、家族にも感謝をする時間を確保する。一人の人間として生きていくためにとの想いから、社長の決意は固くなった。

SKJ電設は、ジャスダックに上場しているパソコン・複合機・情報端末等の販売・賃借、付随する工事や設置修理、通信システムの企画・開発を展開する企業グループに、M&Aによって参画した。親会社とは過去に同じ建設現場で、別ラインで仕事を進めていたこともあり、両者でビジョンを共有できたことも決め手だった。両者の協議のもと、明確に連携を取ることが可能となり、成約に至る。

早期引退を希望していた小島社長ではあるが、この上場会社から、「代表者として可能な限り長く継続してほしい」という熱烈なアプローチを受け、一定期間、社長業を継続するという形になった。

もちろん、社長の右腕となるようなプロ経営者を出向させることができる体制も組まれている。経営のプロ集団が所属する企業グループと組むことで、自身の経営の要素を分解し、担当者別に振り分けられる。

これにより、単体の中小企業ではなく大きな組織として、グループ全体で常に最新の情報を交換し、グループ各社の繁忙期・閑散期を補完し合えることが大きい。グループ全体で常に雇用創出を継続することで、たとえどこかが倒れても、ほかのグループ会社で従業員の未来を守るということが可能になる。

また、仮に自分がいつ何時倒れても、大切な社員の未来は守ることができると考え、強力な経営力と資本力を有する企業と組むためにM&Aを決断された。

小島社長は二世帯家族で暮らすために建てた家で、家族への恩返しの時間を大切に過ごしながら、また心強い協力をグループから受けながら、引き続き会社を牽引している。オフィスもより都心部の利便性の高い場所へ移転することとなり、これまで以上に従業員の仕事生活も明るく活発化することだろう。

世界で戦える技術力を持つ日本企業

今、建設業界で必要とされるのが「海外での事業展開」だ。国内の建設市場がこれから劇的に拡大するとは考えにくい中で、建設会社が収益性を得てさらなる事業規模拡大を実現するためには、市場を国外へと拡大することが急務ではないだろうか。

日本の建設業は、中堅・中小企業も含めてすべての企業が世界で戦えるだけの技術力を持っている。それなのに、海外でまだまだ活躍できていない状況にとどまっているのは、単純に取引先開拓力と機動力が不足しているからではないか。この問題は、海外企業との本格的な資本業務提携関係の構築によって克服することが可能である。

つまり、海外企業をグループ化することで、その国での事業基盤を確立できるのだが、これを実現するにはそれだけの資金力・人材力・ノウハウが必要になる。それらをすでに持っているのが、スーパーゼネコンや大手設備工事会社を中心とした企業グループである。

図表3－6－6に示したように、鹿島建設は2015年と2017年にオーストラリアのアイコンとコクラム、2017年にアメリカのフラワノイ、2018年にもシンガポールのインターナショナル・ファシリティ・エンジニアリングをM＆Aによりグループ化している。

また、設備工事業界では、ミライト・ホールディングスが2011年にオーストラリアのリレイテブ・サービス、2016年にはシンガポールのラントロヴィジョンを、協和エクシオは2018年にシンガポールのレング・エイク・エンジニアリンググループを、それぞれM＆Aによりグループ化している。このように、日本企業による海外での事業規模拡大は、急ピッチで展開されている。

海外企業とのM＆Aというとスーパーゼネコンや大手設備工事企業グループばかりが注目されるが、今求められているのは日本の中堅・中小企業の海外展開である。これを実施した中小企業として、鹿児島県に本社を構える森建設がある。2016年にベトナムのNEW INVESTMENT & CONSTRUCTION CONSULTANT JOINT STOCKという建設会社とM＆Aを実施し、海外への事業展開と技術の輸出、そして海外市場データの吸収をいち早く実現している。

図表 3-6-6　建設業界における海外投資公表事例（一部）

会社名	年	提携先企業情報	所在地
協和エクシオ	2018	レング・エイク・エンジニアリンググループ	シンガポール
新菱冷熱工業	2018	スピダエンジニアズインディア	インド
淺沼組	2018	SINGAPORE PAINTS & CONTRACTOR PTE. LTD.	シンガポール
鹿島建設	2018	インターナショナル・ファシリティ・エンジニアリング	シンガポール
鹿島建設	2017	フラワノイ	アメリカ
大和ハウス工業	2017	ローソングループ	オーストラリア
中電工	2017	RYBエンジニアリング	シンガポール
高砂熱学工業	2017	インテグレーテッド・クリーンルーム・テクノロジーズ（ICLEAN）	インド
住友林業	2017	ブルームフィールド・ホームズ	アメリカ
鹿島建設	2017	コクラム	オーストラリア
きんでん	2016	アンテレック	インド
ミライト・ホールディングス	2016	ラントロヴィジョン	シンガポール
鹿島建設	2015	アイコン	オーストラリア
大林組	2014	クレマー	アメリカ
九電工	2013	アジア・プロジェクツ・エンジニアリング	シンガポール
ミライト・ホールディングス	2011	リレイテブ・サービス	オーストラリア
大林組	2011	ケナイダン	カナダ

出典：各社IRデータを基に当社作成

このように、すでに海外展開の必要性を理解している中小企業の経営者は具体的な行動を起こしているが、森建設のように実現力を有する中小企業は実際には少ないと考えられる。

これは前述したように、海外での事業展開には大きな資金力、人材力、そしてM＆A実施後の統合費用が必要とされるからである。この点については、大手企業グループに加わり、その資金力、人材力、ノウハウを利用して、自社で海外展開を行うという成長戦略手法も着目されるべきであろう。

海外勢に技術力で押される状況を打破する戦略

先ほどコマツの例を挙げたが、今後メガプラットフォーム企業グループの新たな中核となるのは、テクノロジー技術を持つ企業であると考えられる。

日本の建設会社は、これまでさまざまな技術革新により、世界を驚かせる構造物を作り出してきた。たとえば大成建設と竹中工務店はクアラルンプール国際空港、大林組はドバイメトロプロジェクト、大成建設はシンガポール地下鉄の建設を手掛け、またシンガポールを象徴するマリーナベイ・サンズホテルの船の形をした塔頂部分もＪＦＥエンジニアリングが橋梁設計の技術を用いて設計したものである。

これらの根幹には、日本の建設会社が開発してきた強い技術力があった。しかしながら、現在、日本の建設会社の持つ技術力は、世界で埋もれつつある。たとえば掘削では、これまでさまざまな国が日本企業のシールドマシンの技術を利用していた。だが、中国が独自の知的財産権を有する超大直径シールドマシン「振興号」を作り、バングラデシュ初の水底トンネルの建設に取り組むなど、日本の技術力が海外勢に押される構図となってきている。

この状況を打破するために、日本の建設業界には先端技術の獲得が急務とされており、実際に多くの建設企業が先端技術を有する企業との資本提携に積極的な姿勢を見せている。

図表３-６-７はテクノロジー業界との

図表 3-6-7　建設分野におけるベンチャー投資好評事例（一部）

会社名	年	提携先企業情報
清水建設	2019	バカン（AI、IoTによる混雑情報配信サービス）
JFEエンジニアリング	2019	AnyTech（AIによる対象物の異常察知判断）
清水建設	2018	新世代小型ロケット開発企画（小型ロケット打上げ事業）
大林組	2018	サイズミック（ロボット工学を利用したパワードスーツ開発）
大和ハウス工業	2018	ロイヤルゲート（高セキュリティ、柔軟性、拡張性を備える決済サービス「PAYGATE」提供）
竹中工務店	2017	HEROZ（AIを活用した構造設計システム開発、「Ponanza（将棋電王戦優勝ソフト）」の開発メンバーが在籍）
協和エクシオ	2016	WHERE（位置情報を核とするサービスを提供するスマートフォン用アプリ開発）

出典：各社IRデータを基に当社作成

技術開発への取組事例の一部であるが、これらを見るだけでも、建設業界は資本業務提携を通じた技術革新に前向きであることがわかる。

清水建設は、ＡＩ、ＩｏＴを利用しカメラやセンサーを通じて人や物の集合状況を検知してタブレットデバイスに表示する技術を有するバカンに資本参加している。ＪＦＥエンジニアリングも、カメラを通じた画像解析により監視対象物の状態判断を行うことのできるＡＩを開発したAnyTechとの資本業務提携を行うとともに、１００億円のＣＶＣ（コーポレートベンチャーキャピタル）を創設し、建設・インフラ業界のデータトランスフォーメーションに注力している。また竹中工務店も、ＡＩ開発を行うHEROZに資本参加し、構造設計ＡＩシステムの共同開発を開始し、自動設計やシミュレーション自動化の実現に取り組んでいる。これにより手作業における約70％の自動化が期待できるという。

こうしたテクノロジー業界との連携により、建設・インフラ業界は次なる技術革新を迎えようとしており、その中でも特に注力されているのがＡＩの活用である。しかし、ＡＩはあくまでテコの機能であり、単独では何も価値を生み出さない。巨大な建設・インフラ業界の市場データを取り込むことで、初めてＡＩが学習し、人が24時間交代で監視する必要がある工程を

ＡＩにより自動化できるのである。

建設・インフラ業界とテクノロジー業界が手を組むメリットと必要性があり、両者の融合が人材不足という建設・インフラ業界の大きな課題を解決する糸口となるのではないか。

通信インフラグループから社会インフラグループへ

これらの新たな取り組みの中で、スーパーゼネコン以外の企業が新たな業界リーダーとして名乗りを上げている。日本の建設業界で業界再編をいち早く実現したのが通信工事業界である。ひとつの業界での再編が完了すると、その業界は隣接業種により本格的に進出することができる。なぜなら、その組織体制があるからだ。

コムシスホールディングスは、Ｍ＆Ａにより建設業界の大半の専門工事に対応しうる組織体制を構築した。通信インフラグループから社会インフラグループへと成長し、専門工事の垣根を超えた新しい業界リーダーとして存在感を発揮している。Ｍ＆Ａが成長戦略のための一般的な手法として認知され、業界再編が活発になる中、今後も新たな業界リーダーの登場を期待したい。

このように、多種多様な各分野で専門家同士が手を取り合い、ひとつの巨大な社会インフラ企業グループとなって新たな業界リーダーとして名乗りを上げている。変わりゆく建設業界で生き残っていくのは、市場の変化を早くとらえ、未来を予測し、それに応じた組織体制を作り上げる実行力を持った経営者が率いる組織ではないだろうか。

組織は人が作り出すものである。つまりこの業界再編の波の中心にいるのは、業界の存続繁栄・会社の将来・社員の未来を真剣に考える、強いリーダーシップのあるオーナー経営者たちなのである。

こうした人たちの決断は、社員の未来、会社の未来、そして建設業界の未来に直接的につながっている。この点を改めて強く認識していただき、建設業界の存続・発展を実現していただくことを願う。

Column

注目の「クレーン業界」の動き

執筆者：前川 拓哉
群馬県出身。慶應義塾大学法学部政治学科卒業後、新卒にて日本M&Aセンターに入社。最年少でディールマネージャーに昇格。クレーン建設業界のM&Aを積極的にサポートしており、電材HD&Huationg HD（シンガポール）を手掛けるなど、多くの実績を誇る。

建設業界の中でも、とりわけM&Aが活発に起こり始めている業種が、クレーン業界だ。クレーンといっても多くの種類があるが、ここでは「移動式クレーン」と呼ばれる、建築・土木分野で利用される移動可能なクレーンを扱う業界を取り上げる。この業界は、ゼネコンや石油化学／製鉄プラント事業者から受注を請け、クレーン（建機）とオペレーターを用いて、重量物の揚重や運搬を手掛けるビジネスモデルだ。

私はこれまで100人以上のクレーン業界の経営者とご面談してきた。また日本で最も多く当業界のM&Aを成約していると自負している。クレーン業界の経営者は、後継者不在といった課題だけでなく、業界の将来展望や自社の成長戦略に不安を抱えておられる方も多いと強く感じる。

業界を取り巻く厳しい4つの環境

現在のクレーン業界を取り巻く環境を4つの観点から見てみよう。

①マクロ……建設投資は減少傾向

リーマンショック、東日本大震災を経て、東京オリンピック需要の2019年まで建設投資は右肩上がりで成長してきた。前述されているため詳細は割愛するが、建設投資の増大に伴い、当業界も拡大した。しかしながら2020年以降、建設投資は減少に転じ、国内投資はダウントレンドにあり、ますます厳しい状況になる可能性がある。

②ヒト……人材不足と高齢化の波

当業界はクレーンだけでなく、オペレーターも併せて業務を請け負う必要があるため、人材がいなければ事業が回らない。昨今ではオペレーター・経営管理人材の不足だけでなく、現有社員の高齢化も進む一方だ。それだけでなく、経営者の高齢化／後継者不在課題も顕在化している。当業界の歴史が60〜70年程度であることを鑑みると、現在の経営者は

2代目や3代目として、次の経営のバトンを渡す相手がいないケースが多いと想定される。
２０２４年に待ち受ける働き方改革への対応も急務だ。建設業界は猶予が設けられたが、中堅・中小クレーン企業は対応が難しいことも多く、生産性向上の施策が必要となっている。

③モノ……クレーンの大型化

当業界の土台である「クレーン」も変化が起きている。近年、大型施設の需要対応のためにクレーンの大型化がますます進んでおり、１０００トンを超える超大型クレーンを導入する企業も増加している。しかしながら、大型クレーンは1台10億円を超えるものもあり、中堅・中小企業からすると、経営の進退をかけるような大きな投資となる可能性がある。

また、「①マクロ」でも指摘したように、建設投資需要が減退している一方で、当業界は法人数が圧倒的に多い。全国に拠点展開するような企業は存在せず、地方各地で地域展開する企業がほとんどだ。そのため、クレーンへの大型投資をしたものの、単一地域のみでは受注を十分に獲得できず、他地域へ進出し、クレーン単価を大きく下げることで受注を獲得しようとする動きも出ている。結果として、地場で安定した単価を得ていた地域企業は厳しい経営状況に直面する事態にも発展している。

④取引……取引先の業界再編

クレーン企業の取引先のひとつである、製鉄および石油化学のプラント業界は、すでに業界再編が完了している。かつて隆盛を極めた製鉄業界も人口減少や工場の海外移転を背景に設備投資が激減している。多くの企業がひしめいていたが、現在は実質的に日本製鉄とＪＦＥの大手２社体制だ。また、石油化学業界も石油の需要減少に直面し、20年にわたる再編を経て、実質的に出光興産とENEOSの２社体制となっている。クレーン企業は製鉄および石油化学プラントの定期メンテナンスの需要に応えていたが、プラントの休止・閉鎖に伴い、こうした需要も大きく減少していくことが見込まれる。

このように、クレーン業界を取り巻く「マクロ・ヒト・モノ・取引」の４つの環境は近年厳しい状況となっており、存続発展するために戦略を新たに構築する必要があると強く感じる。

クレーン企業に求められる戦略とは

それでは、クレーン企業に求められる戦略とは何だろうか？

まさに、「同業同士でのM&A」が肝要だ、と私は考える。1社単独で解決しづらい「ヒト・モノ・取引」の課題について、M&Aによって解決の糸口を見出すことができる。実際に2020年以降、当社ではクレーン業界のM&Aが急激な増加傾向にある。

世界的にみるとその動きがすでに加速しており、2019年には業界首位のマムート社（オランダ）は業界3位のエーエルイー社（イギリス）とのM&Aを実施した。両社の拠点を統合し、ヒト・モノを共有化することで生産効率を高めていくことを表明している。

国内でもM&Aの動きは活発だ。関東圏でクレーン事業を手掛ける水沢重機株式会社（社名・人物名はすべて仮名）は、同業の森山運輸機工株式会社にM&Aで株式譲渡を行った。水沢重機の水沢龍平社長は創業3代目として20年近く経営していた。自身の年齢が50代後半となる中で、水沢社長にはご息女がおられたが、事業承継の意思はなく、課題を感じていた。社内役員を後継者候補として育成したり、ホールディングス化や黄金株を検討したりと、方法を模索したが、どれも根本的な解決策とは感じられなかった。

さらに、受注も減少傾向で、単価も競争激化で下がっていた。人材採用が困難で、オペレーターは高齢化、経営管理人材は獲得すら難しい状況だった。大型クレーンへの投資も検討したが、投資額が大きいことや受注を獲得できるか不安もあり、踏み切れずにいた。

多くの選択肢を検討する中で、水沢社長は同業大手の森山運輸機工とのM＆Aを選択した。まず水沢社長の保有株式はM＆Aによって承継できた。事業面では、すでに森山運輸機工が保有している大型クレーンを活用し、効率的に展開する。人材交流も積極的に行い、従業員も大手グループの一員となったため、安心して勤務できているという。

もちろん水沢重機という社名はそのまま存続し、クレーンの色も変更していない。水沢社長も引き続き代表取締役として経営を継続している。買い手である森山運輸機工にとってもメリットは大きい。水沢重機の培ってきたヒト・モノ・取引を一気に獲得でき、自社単独で拡大するよりはるかに効率的に成長できた。

まさに両社にとってWin-Winな関係をM＆Aによって実現している。

クレーン業界は「重力がある限り」なくてはならない業種であり、インフラを支える非常に重要な役割を担う。ますますクレーン業界を発展させるために、クレーン企業経営者は多くの選択肢を検討し、柔軟な発想で経営していくことが求められる。

単独では実現の難しい課題に対しても、同じ志を有する企業グループで連携し、さらなる成長を果たす事例が今後ますます増加すると確信している。

第4章

やがて訪れる大変革期に備えよ
——業界再編の5つの法則

どんな業界であっても「大手4社」に集約されるという流れは避けられない。企業価値を高めながら、業界再編の波に乗って「強い会社」を作る方法とは？

1 下請けの構造を打破し、強いアウトソーシング企業を作る

過去、日本では製造業を筆頭に多数の企業が生まれ、世界の市場で戦うグローバルカンパニーとして進化を遂げた。しかし、今では毎年、企業の数は減る一方である。超高齢化の波には勝てず、日本の人口の中央値は48歳だが、アメリカや中国は38歳である。

日本を再び希望に満ち溢れた国にするために

この後は日本以外でも高齢化が進む見込みで、人口の中央値は2050年には日本が54歳、アメリカが42歳、中国が47歳になるといわれる。さらに、日本の国内の人口も減少フェーズに入っており、縮小均衡が続いていくだろう。

1949年の日本では270万人の赤ちゃんが誕生したが、2019年は86万人だ。つまり、出生数は3分の1になった。年金問題、保険制度などの社会保障制度に加え、日本中に作った

道路や電力などインフラの維持コストが、数少ない実行労働者世代へとのしかかってくる。はたして、日本に復活を期待させるチャンスは巡ってくるのだろうか。

残されたチャンスを活かすには、あらゆる業界において、大企業のグループ化や、中堅・中小企業と大企業の緊密な連携により、業界再編を加速させることだ。M&Aによる業界再編にこそ、日本復活のチャンスがあると認識している。

M&Aによる業界再編が活発な業種は多数ある。最も盛んな分野としては、「調剤薬局」やクラウド化などの技術革新が急激に進んでいる「IT・ソフトウェア産業」などが挙げられる。また、労働集約型産業である「外食産業」「設備工事業」「運送業」や、海外移転・モジュール化・電気自動車への転換が急激に進んでいる「自動車部品産業」なども、業界再編の動きが見て取れる。

何よりも、「下請けの構造」を打破し、強いアウトソーシング企業を作り上げるためには、合従連衡が欠かせないと考えている。

「業界再編」によって、ビジネスを進化させる

私たちはこれまで、M＆Aによってファミリー経営からパブリックカンパニーになることで、息を吹き返す企業を何社も見てきた。その時に最も大事なことは、「経営」のできる人がリーダーであるということだ。

業界再編というと、「大手企業が買収合戦を繰り広げ、事業規模が大きくなること」だと捉えている方が多いのではないだろうか。しかしながら実際は、「ある業種・業界で強い企業やリーダーシップのあるオーナー経営者が集まり、情熱を持って業界構造を変革し、新しいビジネスへ挑戦すること」を意味している。

一例を挙げるのであれば、駐車場ビジネスの業界再編においては、複数の駐車場会社が集まることによって、カーシェアリングサービスを誕生させている。今やカーシェアは利用者が拡大し、国内のＭａａＳ（Mobility as a Service）関連事業として、２０３０年には2・5兆円規模にまで成長するという予測もある。

このように、業界の勢力図を一変させるのが業界再編であり、経営者1人や1社ではできないことを、複数の経営者、複数の同業他社が集まることで実現していくのだ。すなわち、「業界全体を考える優良企業が集まって業界構造を変え、新しいビジネスに挑戦し、ビジネスを進化

させること」こそが、「業界再編」にほかならない。

一方で「一国一城の主」である創業オーナー経営者はどのような考えを持っているか。あらゆる面で経営手腕を振るってきた経営者であれば、これまで通り、「自社が将来に向けてどう成長すべきか、どう利益を出していくのか」を考え、自力での打開を目指すことが多いのではないだろうか。

ただ、創業オーナーや創業家出身の2代目、3代目で、「業界全体の行く末を見据え、よりよくする」という目的のために、M＆Aを実行している経営者もいる。業界再編を主導する経営者は、個人や一企業の利益のためだけでなく、日本全体、あるいは世界の市場に目を向けて「業界がどうあるべきか」について独自の見解を持っている。結局はこのような経営者こそが、業界を変え、生き残っていくのである。

これまでに、ガソリンスタンド業界・タクシー業界・スーパーマーケット業界において、大規模な業界再編があった。

それらの業界に属する企業の収益に着目すると、4番手以内の企業と、それより下の企業においては、業界内での収益差が年々開いていた。事業規模の拡大は企業の生き残りをかけた戦略であるだけに「業界に対する方向性や理念を共有できる」「同じビジョンを持っている」と買い手企業が判断しなければ、再編のパートナーとはなりえない。ビジネスがもたらす社会への貢献をビジョンとして掲げ、魅力のある企業になることが生き残りの手段ともいえる。

現在におけるM&Aの主たる目的は、事業拡大を目指すというよりも、「ビジネスを進化させるため」であり、これは時代の新潮流といっていい。

2 業界再編の法則と再編加速の要因

日本国内におけるビジネスは、拡大する市場の中でシェアを取ることがすべてであった。実際に現在もシェア上位企業の寡占化は年々進行している。しかし、上位3～4社の企業はほぼ固定される一方で、トップ企業は、毎年およそ10％の分野で順位が入れ替わっている。

またアメリカでも同様に、1位企業がシェアを明け渡す確率がおおよそ10％になっている。のちほど詳しく述べるが、世界的に見ても、「業界ナンバーワン」のうち1割は交代する時代であることが見て取れる。

市場寡占状態と上位企業の入れ替わり

日本国内においては、複写機・複合機、市販カーナビ、家庭用ゲーム機、インクジェットプリンター、太陽電池などの業種において市場が縮小している。たとえば、カーナビの世界市場は2000年に普及が始まったが、その後、車載機器メーカーにおいて主力製品の座に君臨し、カーナビが売上高の半分を占めるまでになった。しかし、スマートフォンでその機能が代替できるようになると、2017年をピークに失速、すでに縮小している。

特に変化の波が激しいのがネットサービスの業種だ。成長するためには本業のネットサービスとあわせて、他の分野でビジネスを進化させることが求められる。

まぐクリックはメルマガ、ドリコムはブログ、GREEやミクシィはSNSで上場したが、各社それぞれに事業の柱をソーシャルゲームなどに移して成長を目指している。中でもDeNAは、携帯電話のオークションサイト（モバオク）として上場したが、携帯電話ゲームサイト（モバゲー）へとビジネスを転換。以降も事業を発展させて順調に成長しており、プロ野球球団のオーナー企業にまで到達している。

その業界ナンバーワン企業であったとしても、慢心していては、すぐにトップの座を奪われる。現時点で需要があり、どれだけ経営が安定していても、優良企業であったとしても、ビジネスは常に進化を求められている。

M&Aが求められる理由はそこにある。前述の通り、業界再編とは「業界全体を考える優良企業が集まって業界構造を変え、新しいビジネスに挑戦すること」なのである。

このように、M&Aは企業が進化するためのエンジンともいえる。レコフデータのM&A件数推移によれば、2019年に日本企業が関わったM&A件数は、第2章でも触れたように4088件と過去最高を記録し、2020年はコロナ禍において3730件となった。2021年の上半期は2128件となり、過去最高の2019年を超えるペースとなっている。

過去のM&A件数は、2006年は2775件を記録し、その後はリーマンショックの影響があったが、2011年には1687件まで減少した。これは東日本大震災などの影響を受けた景気動向によるもので、その後の景気回復に合わせて上昇基調にあり、今後はまだまだ増加する見込みだ。

業界再編の5つの法則

日本のビジネスにおいて、あらゆる業界でM&Aによる再編が進む理由として、私たちは「業界再編の5つの法則」を提唱している。

法則①　すべての業界は大手4社に集約される
法則②　上位10社のシェアは10%・50%・70%
法則③　6万拠点で飽和状態

法則④　トップ企業の10％が交代
法則⑤　Winner-Take-All

ここからは、この5つの法則をそれぞれ解説していきたい。

法則①　すべての業界は大手4社に集約される

業界における「成長期」「成熟期」「衰退期」など、ライフサイクルのどのようなフェーズでも再編は起こりうる。「成長期」では、一定の水準に達すると一気に商品やサービスが普及する分岐点である「クリティカルマス」の達成を狙って、スピードを追求した再編が起こってくる。「成熟期」では、マーケットシェアおよびコスト優位を確保するための再編が起こってくる。「衰退期」においては、競合プレイヤー数を減らし、残存者価値を高めるための再編の動きが顕著だ。

このようにあらゆるフェーズで業界再編が行われた結果、多くの場合、各業種において企業グループは大手4社に集約されることになる。

図表4－1は、日本における業界再編の例である。図では医薬品卸業界について触れているが、ほかに顕著な例としては、前述の銀行業界のほか、家電量販店業界がある。家電量販店は

ヤマダ電機、ビックカメラ、ヨドバシカメラ、エディオンの四強グループが出来上がっている。

再編の理由はライフサイクルの変化であり、必然ともいえるが、ではなぜ「4社」なのか？　それは日本における産業構造によるものだ。産業の発展には、金融機関と総合商社が大きく寄与している。大手金融機関は国内における「お金の流れ」を、総合商社は「モノの流れ」をそれぞれ決定している。そのため、各銀行の文化やカラー、総合商社の系列（三菱商事・三井物産・住友商事・伊藤忠商事）に従って、国内のあらゆる産業が4社に集約されてきたのだ。

図表4-1　4社に集約された医薬品卸業界の例

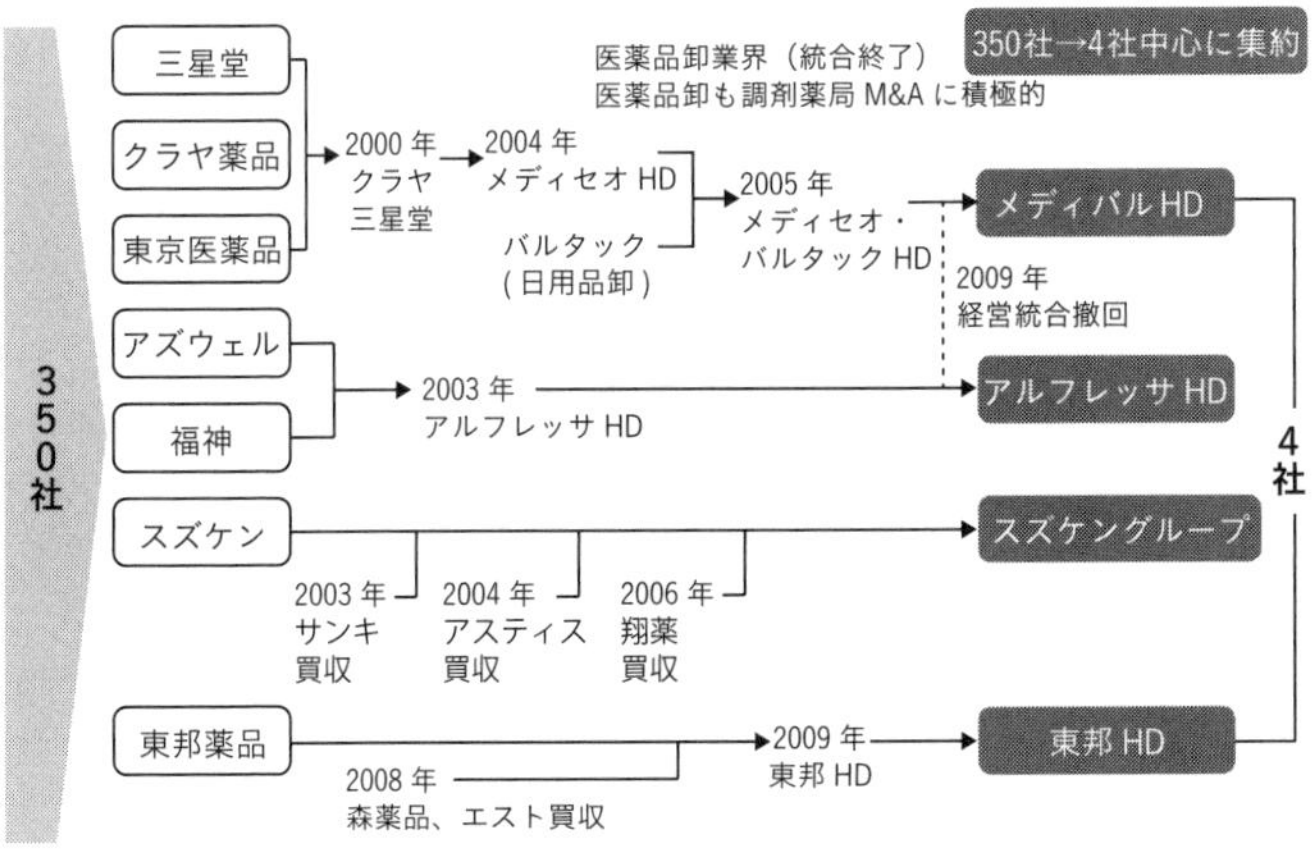

出典：『業界メガ再編で変わる10年後の日本』（渡部恒郎著、東洋経済新報社）

法則②　上位10社のシェアは10％・50％・70％

先ほど法則①において解説した通り、企業のライフサイクルは「成長期」「成熟期」「衰退期」の3つに加え、「導入期」を入れた4つに分けられる。それぞれの段階で、市場ニーズや競合の状況の変化などによりM&Aが行われてきた〈図表4－2〉。

その業界での売上上位10社のシェア率によって、ライフサイクルがどの段階にあるかを推察できる。シェア10％になると「成長期」となり、業界再編が始まってくる。具体的には中堅・中小企業同士が合従連衡して持ち株会社を設立する。また、大手企業が中堅・中小企業を買収してグループ化するなど、規模拡大・体力増強の動きが見てとれる。

その業界で売上上位10社のシェアが50％になると「成熟期」となる。「成熟期」では大手企業が中堅企業や地域ナンバーワン企業を買収するなどM&Aの規模が拡大。業界再編はピーク期となり、譲渡企業の規模が大きくなっていく。

最後に、その業界で売上上位10社のシェアが70％まで進むと、上位10社の統合が始まり、最終的に4社程度に集約される。そして上位企業がほとんどのシェアを持つ段階に達したところで、業界の国内再編はゴールを迎える。日本においては、たとえば石油化学業界は上位4社で73％、百貨店業界は上位5社で74％、家電量販店業界は上位6社で80％というシェアになっており、これらの業界では国内での再編が終了している。

石油化学・百貨店・家電量販店の各業界は、今後M&Aによる海外展開や異業種への展開を視野に入れて成長を目指すことになる。

法則③　6万拠点で飽和状態

いかに成長分野であっても、国内において6万拠点に達すると飽和状態となり、拠点ビジネスの臨界点となる。どのような業種業態においても、拠点数がこの数に達すると、業界再編が起こる。日本の総人口から計算すると、どんなサービスであってもおよそ2200人に1拠点というのが限界だからだ。国内市場において、過去に再

図表4-2　業界のライフサイクルに応じたM&Aの違い

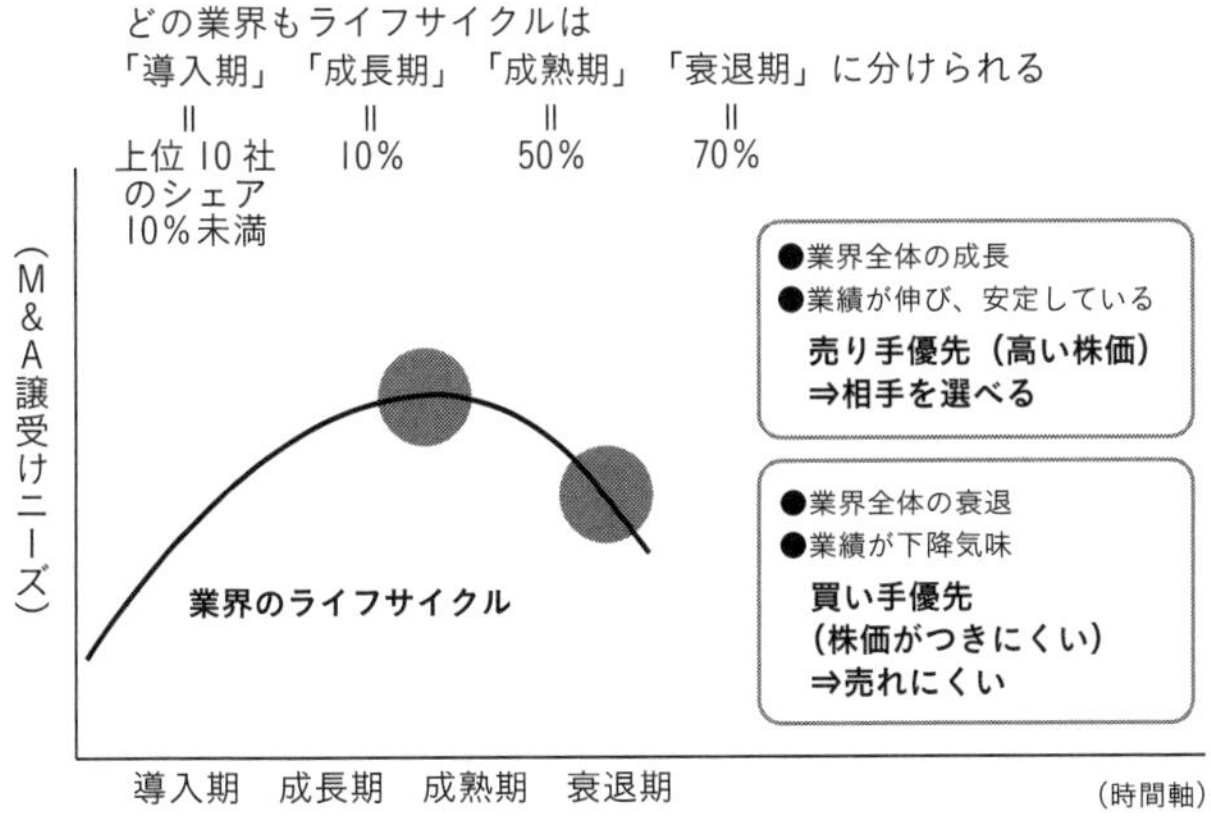

出典：『業界メガ再編で変わる10年後の日本』（渡部恒郎著、東洋経済新報社）

編に至った例は、ガソリンスタンドやコンビニエンスストアなどがあり、現在、再編が活性化している運送会社・調剤薬局などにも、この法則が当てはまる〈図表4－3〉。

6万拠点の法則については、数年前から指摘していたが、実際に2019年末には、コンビニの店舗数は6万店を目前に初めて減少し、5万5620店となっている。また、家電業界では、かつては「街のでんきやさん」が6万店近くあったものが、現在は約3万店にまで減少している。

なお、「街のでんきやさん」は家電量販店へ進化し、さらに現在はM&Aによる異業種への進出を加速中だ。代表例として、ヤマダ電機は2011年に住宅メーカーのエス・バイ・エルを、2012年には住宅機器メーカーのハウステックを傘下に収め、太陽光発電やオール電化を備えたスマートハウスの販売促進に注力している。

法則④　トップ企業の10％が交代

現在、日本国内のビジネスは、上位3～4社の企業はほぼ固定されているが、毎年、およそ10％のビジネスでトップ企業が交代しているのが事実だ。日経産業新聞の発表によると、2016年の国内の「主要商品・サービスシェア調査」では、対象の100品目のうち10品目で首位が交代した。いかに業界ナンバーワンといわれる企業でも、そのうち10％は毎年交代し

図表4-3　あらゆる業界に当てはまる「6万拠点」の法則

ガソリンスタンド拠点数
58,525拠点（1989年）→34,706拠点（2013年）

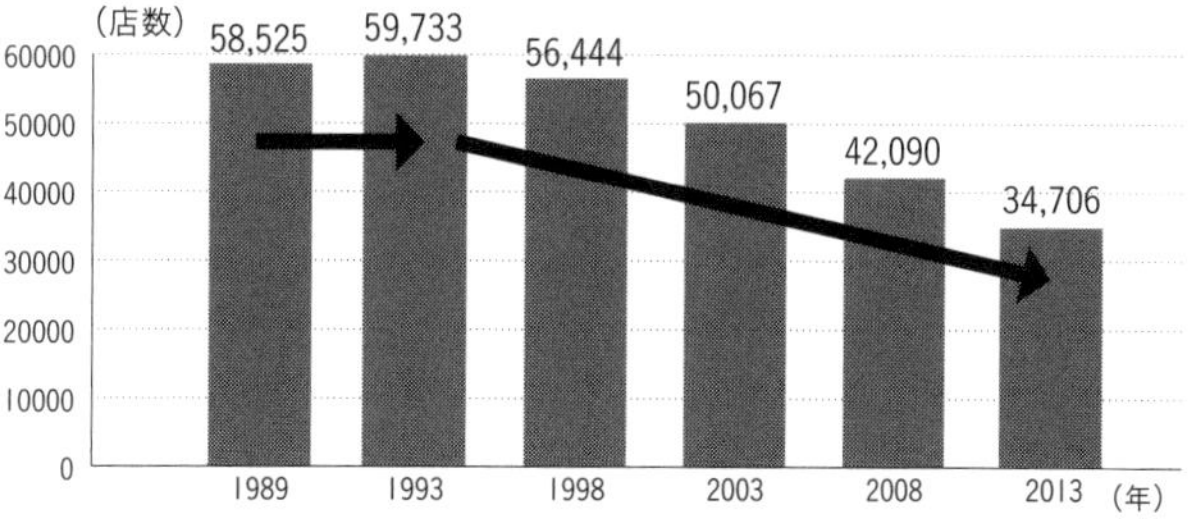

※ガソリンスタンド、運送会社、歯科、調剤薬局、コンビニエンスストアも6万拠点が限界

家電メーカー系列販売店数
38,200店（成長期）→57,200店（成熟期）→30,900店（衰退期）

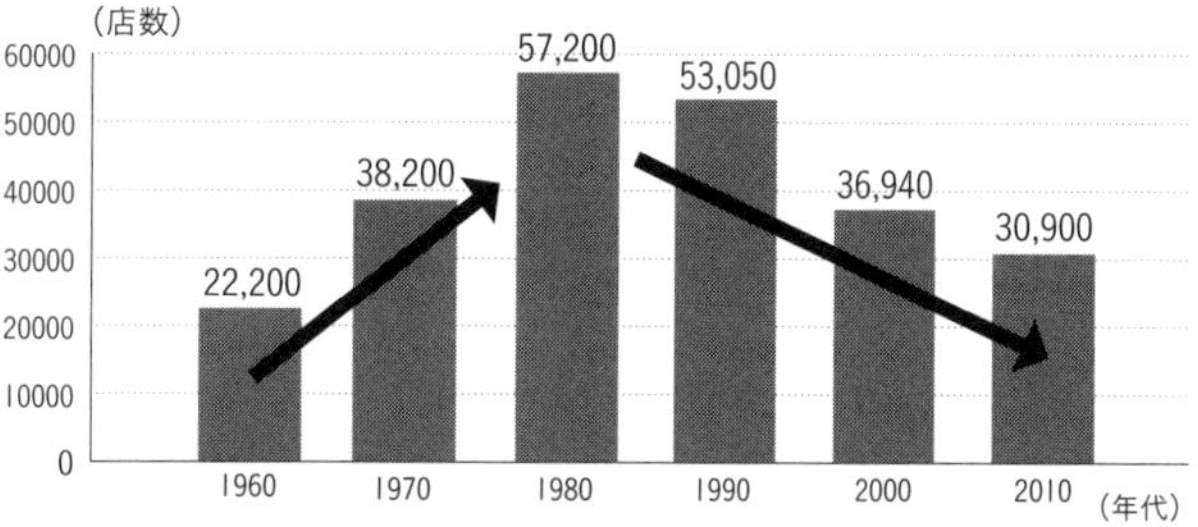

調剤薬局店舗数
39,975店（調剤バブル）→56,126店（業界再編時代）→??

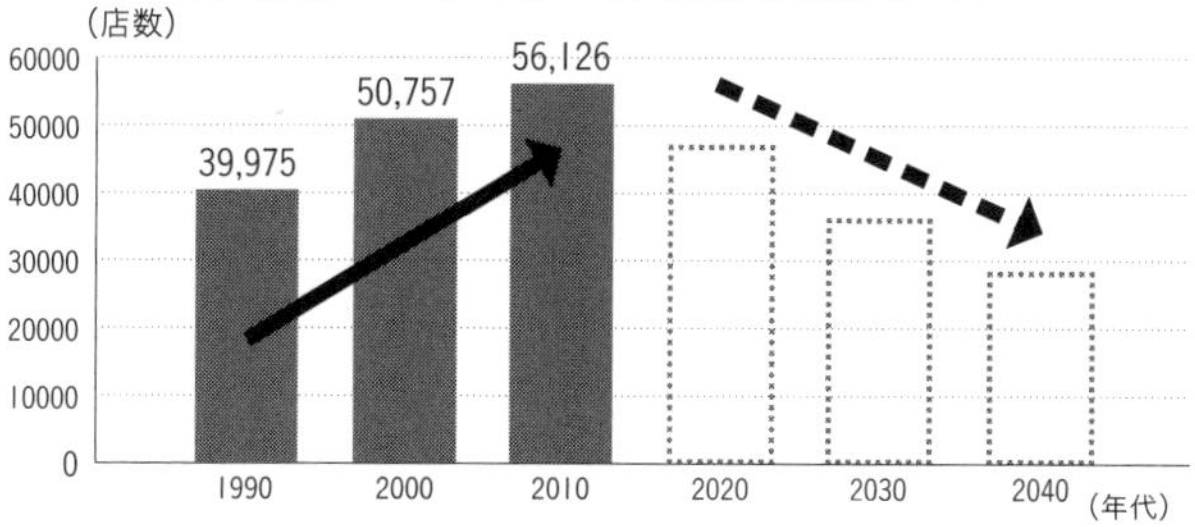

出典：『業界メガ再編で変わる10年後の日本』（渡部恒郎著、東洋経済新報社）

ていることに驚かされる。

これは何も日本国内に限った話ではなく、世界の「主要商品・サービスシェア調査」においても、対象となっている57品目のうち8品目で首位が交代しており、その交代率は約10％だ。現時点でシェアが1位だからといって、先々まで安穏としていられるわけではない。業界ナンバーワン企業であっても、その地位に甘んじ、油断していては、すぐに椅子を明け渡すことになるのだ

法則⑤　Winner-Take-All

本項冒頭でも述べた通りだが、これまでの国内ビジネスは、高度経済成長しかり、バブル期しかり、拡大する市場において「シェア」を取り合うことがすべてだった。その結果、業界ナンバーワン企業の10％が毎年交代している一方で、現在もシェア上位の数社による市場寡占化は進んでいる。

前述の日本国内の「主要商品・サービスシェア調査」によれば、対象の100品目のうち、上位3社でシェアが過半数を超える商品・サービスは、実に69品目にも達した。その中で、「一人勝ち」ともいえるビジネスが急増中だ。これは圧倒的強者である1社が、シェアの過半数を牛

耳っている状況である。

特にウェブ関連、ネットサービスにおいて、この傾向が顕著にみられる。たとえばポータルサイトではヤフーが「一人勝ち」で、そのシェアは50・7％にも達している。動画サイトではYouTubeが55・4％のシェアを握っている。家電関連においては、ブルーレイレコーダーでパナソニックが47％、レンズ交換式カメラではキヤノンが45・8％といずれも一強状態だ。ビジネスの勝者は電気やガスといった社会的インフラから、インターネットによる「プラットフォームビジネス」へと変化しているようだ。

新しい時代のサービスや商品というものは、トップの座に安住することが許されない特性を持っている。それはインターネット関連においても同様であり、常に新たな戦略を打ち出す必要がある。特にこれからの時代は、人口減少著しい日本の中だけで競争を行っていても、少ないパイを奪い合うだけで、多くの家電メーカーのように国際競争力を失っていくことは目に見えている。ネット関連に限らず、日本企業は大手から中堅・中小企業まで、業界再編によって国内の体制を整え、次のビジネスとしてグローバル展開に注力・強化していくことが、結果として国力の底上げとなっていくはずだ。

大変革期を前にした業界再編の外的加速要因

業界再編の5つの法則に加え、外的要因が業界再編を加速させていく。その要因として、次の8点を挙げたい。

中堅・中小企業の経営者は、これらについても気を配る必要がある。

①成長期から成熟期へ移行

業界全体が成長期にあるうちは右肩上がりで市場が拡大し、参入する企業数も増加していく。しかし成熟期に入ると、さらなる成長のための統合がスタートする。特に注意すべきは、先ほども述べた「6万拠点」という数字だ。小売業などが6万拠点を超えると、それはすなわち日本国内において、最も競争が激化するラインということになる。業界再編が一気に加速していくということ。この「6万拠点の法則」を回避する術はない。

②好景気

たとえばこれまでも、アベノミクスや東京オリンピック開催決定などの影響による好景気を背景に、企業を買収して事業拡大したいという企業が増え、再編機運が高まったが、今後も景気が上がる局面ではM&Aは活発化する。

③不祥事

不祥事を原因に企業の業績が悪化すると、他社に買収される。

④規制改革

国の規制改革、たとえば医療業界の診療報酬改定などによって業界の収益構造が大きく変化し、再編へと発展する。法規制・税制・政府関連団体などの意向が要因となる。

⑤規模の経済（economic of scale）

卸や小売、調剤薬局など、規模拡大により、仕入れ値を安く抑えられる業界は、再編・統合が起きやすい。

⑥大手企業・中堅企業の統合

業界の上位に位置する大手・中堅企業の統合が起こると、それを機に周辺企業のM&Aが加速する。

⑦異業種参入

他業種からの新規参入によって競争が激化し、再編が始まる。

⑧技術革新

ＩＴ化・ＤＸにより仕事内容が変化。新規の特許取得、または特許切れなどが業界構造に変化をもたらし、Ｍ＆Ａに発展する。

これらに加えてもう一点、「企業の内側の要素」も再編の加速要因となる。

⑨リーダーの決定

中堅・中小企業のオーナー経営者にとって、どの大企業グループに入るかは、自社の命運を左右する重要な決断であり、大企業のグループならどこでもよいというわけではない。大手企業のビジョンに賛同し、「経営理念に共感できる」「社会貢献できる」「地域の発展につなげられる」「将来自社が発展できる可能性がある」など、さまざまなことを勘案した上で最終決断を行う。

業界再編はこれら9つの要因が複合的に組み合わさり、加速していく。どの業界にも再編は必ず起こる。これら9つの要因をトリガーとし、再編の兆しを確認したら、経営者は絶好のタイミングを逃さずに再編の波に乗るべきだ。

M&Aによって「圧倒的高値の売却」と「会社の飛躍的成長」を実現する。リーダーの決断により、社員にとっても成長産業で働くチャンスとなる。オーナー経営者には今、判断力と決断力が求められている。

3

売れる会社にするために経営者が取るべき手段
——企業価値の判断材料

すでに再編が始まっている業界の中堅・中小企業のオーナー経営者は、どのようなアクションを取るべきだろうか。自社の発展を目指す経営者が取るべき選択肢として考えられるのは、次の3つだ。

①自社が企業買収を積極的に行い、業界再編をリードしていく
②業界トップクラスの企業に自社を売却し、グループの一員として発展を目指す
③同業他社、または地域の数社によりホールディングカンパニー化する形で合従連衡していく

業界再編は始まっている。今、経営者がすべきこと

自社が属している業界で再編が進みそうになった時には臨機応変な対応が求められる。①～

③はいずれも一長一短があるが、業界再編の動きに乗じて自社を成長させるためには、M&Aを前提とした迅速な決断が重要だ。オーナー経営者の方々は、会社や社員、自分自身にとって最善の選択について、日頃から熟慮を重ねておく必要があるのではないか。

業界再編において当然のように行われるM&Aだが、最近では、40代くらいの若い経営者の方々の間でも、M&Aは経営戦略として積極的に活用されている傾向が強い。以前のようなM&Aに対するネガティブなイメージは過去のものになりつつあり、特に若い経営者、もしくは柔軟な考えを持つ経営者ほど前向きにとらえている。

40代までの若手経営者によるトレンドは、創業時からすでに売却を念頭に入れた経営を行っていることだ。そのために業績が最も好調な時期に会社を売却する準備を進め、業界動向を見ながら絶好のタイミングを察知し、高値で会社を売却して成功を収めるケースが多い。「売り時として最高のタイミングをつかむ」ためには、業界再編の動きの察知や、再編の状況を把握するためのネットワークを作ることが重要だ。これらについては経営者としての感性が素地となり、その上に成り立つものだといっていい。

ところが、私たちが主催するセミナーなどで、業界再編の波に乗ったM&Aがポジティブに捉えられ、案件が急増しているという現実について説明しても、にわかには信じられないという経営者が多くいるのもまた事実だ。「うちの業界が業界再編なんてありえない。まぁ、わが社には関係ない」と考える中堅・中小企業経営者の方も多い。

業界再編型M&Aが避けられない2つの理由

実際のところ、中堅・中小企業の経営者にとって、業界再編型のM&Aは避けては通れない。それは、次の2つの理由による。

①歴史的にこれまであらゆる業界で再編が起こってきたため
②オーナー経営者に多くのメリットがあるため

それぞれ詳細に解説していきたい。

①歴史的にこれまであらゆる業界で再編が起こってきたため

第1の理由は、過去の日本経済史を振り返っても、あらゆる業界で再編が起きてきたからだ。それは大手企業に限った話ではなく、中堅・中小企業も否応なく、その波に巻き込まれていく。

業界再編の流れは一度動き始めたら、時間を逆戻しすることもなければ、ここでストップと止まることもない。2021年7月現在、アフターコロナやワクチンの期待により株高が継続しているが、果たしてどれほどの中堅・中小企業が、この好景気を享受しているだろうか。また、日本はすでに成長期を終え、成熟期に突入しており、成熟期はひとつの業界だけでなく、あらゆる業界を再編させていく。

かつて日本の成長期には、多くの起業家が会社を興し、高度成長期の日本経済を支えてきた。特に団塊世代は人口が多く、会社を経営している人の数も多い。現在、団塊世代は75歳という高齢者ゾーンに差し掛かってきており、世代交代の最終段階が迫っている。今後、団塊世代の経営者が続々と引退することで、業界勢力図が激変することは自明の理といえる。

経営者が次の世代にバトンを渡す環境は超少子高齢社会であり、企業は現状維持では生き残れない。現在のところ1億2000万人を辛うじて維持している日本の総人口は、2060年には1億人をはるかに下回り、8674万人まで減少するという推計が内閣府からも発表されている。

高度経済成長期など、業績が右肩上がりの時には「変えないこと」が求められたが、現在においては、このような状況である以上、日本の企業は業界構造を変えるか、新ビジネスを開拓する必要性に迫られている。従来と同じ方法では、大企業ですら「じり貧」になるのは目に見えている。このような状況を鑑みて、40〜50代の若くて優秀な中堅・中小企業のオーナー経営者たちは今、新しい方向性へと舵を切り、成功しようとしている。

このような先見の明があるオーナー経営者たちにとって、事業承継先のファーストチョイスは、身内ではなくなっている。M&Aによる第三者への譲渡が主流となっているのだ。この場合は、創業期から企業価値を高め、売り時を狙っているため、「土壇場でのM&A」ではなく、発展的で極めて戦略的なM&Aにカテゴライズされる。

これまでの中堅・中小企業の経営者は、自分の子供をはじめとする身内に事業を譲渡してきたが、超少子高齢社会になり、ビジネスの進め方が変容しつつある日本で、親の事業を自ら進んで引き継ぐ子供は残念ながら多くない。少なくとも、経営者がリタイア時に譲渡先を身内に限定して考えることは、古い考えと言わざるを得ない。

ここでビジネスの根幹に立ち返りたいが、経営者に課せられた使命は、「会社を持続的に成長させていくこと」である。ところが、身内に事業承継することで、それが「継がせる不幸」になり、会社が落ちぶれていくことは、本末転倒にほかならない。会社がこれまで通りに成長していくことが、従業員や取引先、地域にとって何よりも重要なことだ。多くの経営者はこのことを改めて受け止め、優秀な第三者、業界の大手グループ、または強者に譲渡するのが最善の選択だということを、再認識する必要がある。

②オーナー経営者に多くのメリットがあるため

中堅・中小企業の経営者が直面する業界再編型のM&Aが避けられない第2の理由とは、実は業界再編型M&Aには、オーナー経営者にとって多くのメリットがあることだ。再編が進む業界においては、「売り手市場」となり、事業を譲渡しようと考えている経営者にとって、好都合な条件が揃う。まさに絶好の売り時となり、この機を逃さず、業界再編の波に乗って会社を売却することが実現できる。中堅・中小企業の経営者は、次のさまざまな問題を解決することもできる。

❶自社の株式を高値で売却できる
❷条件のよい優良企業と組める
❸自分が主導権を持って交渉を進めることができる
❹事業承継問題を解決
❺創業者利益の確保

❻金融機関への個人保証や担保からの解放
❼事業継続による社名の残存
❽社員の雇用の維持

会社を誰に継がせるのか？　事業承継問題で行き止まりとなっていた多くの難問は、M＆Aでクリアできる。売り手企業の社長は、次のライフプランを自由に描ける。譲渡先となる大手グループの一員として傘下に入ることで、子会社の社長として経営を続けたり、経営幹部として親会社に迎え入れられ、業界の改革をリードしたりするなど、まだまだ手腕を振るうことができる。手にした創業者利益により、ビジネスを引退して第二の人生を謳歌したり、まったく異なる分野の新ビジネスを立ち上げたりと、実にさまざまな選択肢がある。

これからのライフプランなども照らし合わせて、よりよい生き方を選べるのが、M＆Aがもたらすメリットである。

企業価値は5つの項目で評価される

会社経営において最も重要なのは、「企業価値の向上」である。これはM＆Aに限った話ではない。企業価値が高い魅力的な企業には、優秀な人材が集まり、投資家に注目され、持続的な成長が期待できる。企業価値が高くなれば、買い手側企業にとっては、それなりの対価を払ってでも「買いたい」と思える会社になる。

高度経済成長期からバブル期において、日本企業の基本理念となっていたのは、シェアを拡大させて、売上をいかに増やしていくかということだ。「事業の本質や利益」という観点よりも、「売上を多く取ること」が企業価値を高める上で極めて重要という認識であった。しかし、バブル期以降、失われた20年を経るうちに、「売上至上主義」から、「利益の追求」へと移り変わっていった。

令和の時代に入り、アベノミクスを経て内部留保が拡大、多くの企業がキャッシュリッチになった反面、その金の投資先について頭を悩ます局面に遭遇している。モノ言う株主、外国人株主など、株主の基本構成が変化し始めている中で、資本をいかに有効に活用しているかを示す「ＲＯＥ」を追求する時代へと変遷しつつある。欧米の主要企業ではＲＯＥは10～20％という水準であり、積極的な投資姿勢が見て取れるが、日本企業は８％前後で推移しているのが現状だ。

このような状況において、「企業価値」が高い会社とは、具体的にどのような要件を兼ね備えているのだろうか。企業が存続し、発展するための5大条件は以下と考える。

・社会性
・安定性
・成長性
・収益性
・独自性

現代の日本企業における企業価値は、この5つの要件を高いレベルで兼ね備えているかが、その尺度となっている。第一に企業にとって社会性（社会的な役割）があることが、企業としての本質的な価値となる。その上に安定性・成長性・収益性・独自性といった4つの要件が加わり、企業価値全体を形作る。誰もが認める社会性を保つ一方で、効率を追求していけば、安定性が損なわれるし、反対に安定性を重視し過ぎると成長性が損なわれる。企業の事業内容やサービスにおいて独自性がなければ、価格競争に巻き込まれ、中期的な企業価値は損なわれることになる。

このような側面から、電力や通信網、公共交通機関など、社会インフラとして人々の生活を支えていく企業の価値は自ずと高くなる。中堅・中小企業の経営者は、まずは特定の地域や業界などとの関係性において、インフラとしての存在感、またはそれに準ずる役割があるかどうかを把握すべきだ。これは自分の会社を売却する時、高い価値がつくかどうかに直結するため、このことを常に意識しながら、日々の経営に邁進する必要がありそうだ。

具体的な判断材料としては、収益性・成長性に関しては、同業の上位10社と比べてみる必要がある。売上高の拡大するペースが重要で、上位10社と同じ成長曲線を描けているのなら、成長企業として評価ができる。成長曲線が下回っていたとしても、収益性が著しく高い場合に限り、単独で生き残る企業としては高く評価できる。

独自性については、同業他社との差別化に目がいくが、販売先や販路をたくさん持っているかで判断できる。販路を多数持ち、価格交渉されてないことは、ビジネス上の強みとなる。

安定性については自己資本比率の高さによるもので70％以上であれば優良企業となり、倒産しづらいとみられる。

社会性は「社会に必要とされているか」ということだが、社会から求められていれば売上も増えるはずで、これは自ずと判断がつくのではないだろうか。

4

経営者としての歩みを振り返りつつ、企業価値を高める

今ある経営者の姿は、過去の歩み、経験の積み上げにほかならない。つまり経営者が歩んできた過去にこそ、すべての解決策が秘められている可能性が高い。

中学校時代、高校時代、大学時代において、どのような環境で育ったか、また、それをご自身でどのように捉えて活かしてきただろうか？　新卒時の就職先はどのような基準で選び、何がやりがいだったのか？　起業、または事業承継するに至ったのはどんな理由だったのか？　これらの経験は企業のルーツと同義であり、長期的視点において企業の歩むべき姿がそこにはあると考えられる。

「過去」というフィルターを通して「未来」を見る

人脈形成も重要な意味合いを持つ。「類は友を呼ぶ」の言葉通り、経営者ネットワーク、顧問

税理士や顧問弁護士、コンサルティング会社など、どのような人物と付き合っているのかということに、企業価値を計る上でのヒントが隠されている可能性がある。

このような人的背景を求めるのには理由がある。M&Aの際に、現時点の財務など数字ばかりに固執してしまい、過去というフィルターで未来を見るという作業が失われているからだ。そもそも、企業の経営戦略は経営陣の考えが反映されるが、そこには経営者の歩みが現れているはずなのだ。

経営戦略に加え、経営者の性格や求心力などの資質の部分についても着目したい。経営者がどのような人物かについて、買い手企業は徹底的にリサーチを行う。経営者の人物像は鏡のように会社の経営哲学となり、体制となって現れてくるものだ。翻って言えば、経営者の人となりにより、会社の評価は8割方決まってしまうと言ってもいいだろう。

M&Aにおける企業価値の計算方法に「DCF（ディスカウント・キャッシュ・フロー）」がある。将来の期待収益から、株式の現在価値を算出する方法だ。期待収益に従って、数年後の利益がどの程度になるかを算出するものである。

売り手企業の中には、目先の企業価値を高くしたいがために、現在や未来ばかりをよく見せようとしている企業も少なからずある。そのような企業を買ってしまうと、恐らくそのM&A

は失敗に終わる。経営者と経営陣、社員とが力を合わせ、一歩一歩、誰からも信頼される「背景」を積み上げて作られた現在の会社にこそ、価値がある。

私たちはこれまでに多くのM&Aアドバイザリーを手掛けてきたが、M&Aによって成功する企業には、明確な成功要因がある。その事業を始めた「経緯」、社長や役員、社員の「生きざま」、「価値観」を徹底的に理解すれば、長い目で見て成功できる企業かどうかが見えてくる。これは買い手側に留意していただきたい点であるが、売り手にとっても見直しを図り、場合によっては改善すべき点だ。

ひとつ手の内を明かすが、私たちはM&Aで買収を考えている方に対し、売り手経営者に次の5点を徹底的にヒアリングするように、必ずお伝えしている。

①経営者の価値観はどのようなものか？　どのような経緯で生まれたものか？
②これまでのキャリアと、その歩みに至った経緯は？
③長い社歴の中、経営陣はどのような人脈を形成し、現在はどう活かされているか？
④社員・取引先との義理を大切にしているか？　ビジネスの仁義を守ってきたか？
⑤経営者および役員が何らかの個人的な問題・トラブルを抱えていないか？

これらの要因について、ネガティブな要素が存在しているのであれば、早急に改善を行う必要がある。その意味でも、経営者自身がキャリアを振り返り、創業理由や経営哲学、対人関係、取引先との関係など、改めて客観的に振り返ってみる必要があるだろう。

企業価値が高い企業が実践する8つの法則

「売れる会社にするために経営者が取るべき手段」の最後に、企業価値が高い会社に共通する、8つの法則についてまとめてみたい。私たちのM&Aアドバイザリーとしての経験上、買い手企業から「企業価値」が高いと判断される企業には、以下の共通法則がある。

法則①　社員が創業者の基本理念に共感している
法則②　経営計画の予測と結果が乖離していない
法則③　入社人数が前年を上回り、新卒採用を継続・拡充している
法則④　売上高の伸び率が業界上位10社と同程度で、利益率が高い
法則⑤　決算資料が正確で、付随資料も整っている
法則⑥　社長への依存度が低い

法則⑦　優秀な社員が多数働いている
法則⑧　創業の理由、背景に社会性がある

8つそれぞれについて、解説を加えていこう。

法則①　社員が創業者の基本理念に共感している

創業者は基本理念を持って起業し、それをよりどころにして成長・発展を目指す。この成長を持続させるには、創業時からの基本理念を堅持しなくてはならない。しかし、企業は成長路線に入ると、規律が緩み、理念が有名無実となることがある。

長きにわたり、高い企業価値を維持している企業には、社員が基本的な価値観を共にしており、正しい労働観を持ち、それに従って行動できるメンバーが集まっているものだ。どのように高い企業価値があっても、組織としての規律が緩めば、一瞬にしてその価値が崩壊することを忘れてはならない。

もろくも衰退する企業は、過去の成功体験を忘れられず、リスクを顧みずに過剰にアクセルを踏み込んだ、言うなれば「行き過ぎた状態」になることがほとんどだ。たとえば、成果至上主義の規律なき人材採用から規律なき組織文化が生まれ、それに固執する派閥の存在などが衰退への第一歩となる。こうなるとビジネスは過去の延長線となり、次第に創業期の目的を忘れてしまう。

成長・発展をし続ける組織を生むためには、創業時の組織の目的や、それぞれの役割を全員で認識し、その目的の実行のために、「正しい行いをしているかどうか」を社内で常に確認することが大切だ。

法則② 経営計画の予測と結果が乖離していない

中堅・中小企業では、中長期の経営計画を立てずに行き当たりばったりで経営をしているケースが非常に多い。その理由はいくつかあるが、そもそも中長期での成長を目的としていない経営者や、あるいは業績のブレが激しいために計画自体を立てても意味がないという経営者もいる。

しかし、経営の本質とは何だろうか？　本来は特定の目的を達成するために、メンバーが集まって成し遂げるものである。当然、こうした目的を達成させるための計画は企業価値にも大きく影響し、経営計画がある企業の企業価値は、経営計画がない企業の企業価値を大きく上回る。

また、中長期の経営計画があっても、予測と実際の数字の乖離には要注意だ。経営計画の予測値と、決算の数字との乖離が小さいほど、企業価値は高まるが、反対に乖離するほど価値は目減りすることになる。売り手企業にとっては、特に決算の数字について、計画値を下回らないことが何よりも重要となる点は認識いただきたい。

法則③　入社人数が前年を上回り、新卒採用を継続・拡充している

社員の採用は組織が拡大し、発展する上で不可欠な要素だ。企業価値の高い会社の共通点として、新卒採用の割合が高いことが挙げられる。

新卒採用は優良企業のバロメーターともなり、永続性があると思われる企業を見ると、その多くが新卒採用を積極的に行っている。逆に新卒採用の割合が低い、あるいはまったくない企業には注意が必要とされる。この場合、経営の永続性に疑義がある場合が多い。

また経営の年数を重ねるごとに、毎年、新卒採用の人数を増やしている企業は、実力のある証拠と考えてよい。買い手側企業は、売り手企業の採用人数の計画を見ると、これから企業価値が上がっていくのか、それとも下がっていくのかがよくわかる、ということになる。

法則④　売上高の伸び率が業界上位10社と同程度で、利益率が高い

上場企業であれば、ＰＥＲ（株価収益率）やＰＢＲ（株価純資産倍率）を求めることで、今の株価が割高なのか、それとも割安なのかを計ることができる。これらは現在、経営において特に重視されている指標である。

ＰＥＲは利益に対して何倍まで株式が買われているのか、ＰＢＲは純資産に対して何倍まで株式が買われているのかを表している株価指標だが、いずれの株価指標も、売上高は比較対象になっていない。つまり、売上高と株価には相関性がないということだ。

とはいえ、まったく軽視できるかというとそれは別問題だ。売上高の伸び率が業界の上位企業に比べて低い場合は、シェアを少しずつ失っていることを意味するからだ。とはいえシェアが低いことはすぐには影響を及ぼさない。しばらくは「小さくても優良企業」と判断されるが、いずれ仕入れ値に差が出たり、業界の中での影響力が落ちたりする。小売業を例に取れば、小さくて強い優良企業だとしても、経営体力がある大手企業が、採算度外視で競合店舗を近くに出してくれば、大半の消費者はそちらを選んでしまうだろう。

マーケットで存在感を示すためにも、売上は重要だ。そして売上が増えないと、社員も増えない。新しい人材が入らず、組織・人員が膠着化し、時間の経過とともに企業価値が損なわれてしまう。中には、優秀な人材を集めるため、高い給与を提示する場合があるが、高い人件費負担で人を引き留めても、いずれ組織全体に歪みが生じるので、要注意だ。

売上高に対する利益率はよりシビアに判定される要素である。利益率が業界平均よりも高い場合、経営者の経営能力が高いと判断できるからだ。過去からの推移で利益率が毎年改善しているのは、少しずつ組織が強くなっている証拠でもあり、これも評価される。

法則⑤　決算資料が正確で、付随資料も整っている

実は経営者の性格、ビジネスへの姿勢、戦略は決算書に反映されている。そのため、決算書を見れば、現時点での経営方針が理解できる。決算書に不明瞭な点が少なく、経営者が決算書のすべての勘定科目について理解度が高いのであれば、企業価値が高い企業といえるだろう。

反対に、不良在庫や回収不可能な売掛金などが目立つケースや、ゴルフ会員権などオーナー経営者のプライベートのものが決算書に多く入っているケースでは、企業価値は高く評価されない。経営者はどの在庫がどの程度あるのか、どこにいくらずつ借入金があるのかなど、すべての項目について、完璧に把握していれば理想といえる。

財務については、借入金はいくらまでにするべきか、在庫はどの程度が適正水準か、という具合に勘定科目ごとに明確な方針があるならば、さらに企業価値は高くなる。

残念ながら中堅・中小企業だと、契約書や資料が整理されていないケースが見受けられる。決算書のみならず、株主名簿、リース契約、不動産契約、主要取引先との契約など、あらゆる資料をわかりやすく整理しておきたい。言い換えれば、それを整えれば企業価値が高く見積もられるからだ。

法則⑥　社長への依存度が低い

中堅・中小企業において、社長の存在が絶対的な会社は多い。しかし、社長への依存度が低いほど、企業価値は高くなる。社長が自ら「自分が抜けたらこの会社はばらばらになる」「社員や顧客が離れてしまう」などと自慢げに話しているなら危険信号だ。その場合、規模を問わずに実質的に個人事業の域を出ず、「組織」が成り立っていない可能性もある。組織が完成されており、権限委譲がどの程度進んでいるかは、企業の永続性を測る判断基準にもなる。

経営者への依存度のみならず、番頭格社員・親族社員・古参社員など、特定のメンバーへの依存も大きな経営課題となる。これは多くの企業における課題だが、専門職の場合は、特にその傾向が強いので注意したい。

法則⑦　優秀な社員が多数働いている

社長が「会社のキーマン」と評価し、重要な人材と認める社員が、譲渡後においては重要とはいえなくなるケースがある。特に社長との関係性の中で「絶対的なイエスマン」として社長を支えてきたのであれば、要注意だ。場合によっては旧体制の人材は新たな道を選ぶ必要も出てくるだろう。

いずれにしても、誰か一人に依存してしまうのではなく、一般的に優秀といわれる社員が多い体制であるほど、譲渡後は業務がやりやすいといえる。

近年、正社員は言うに及ばず、アルバイトの人材確保にも困る企業が出ている。残念ながら人材不足は、その企業が持つ魅力の欠如と言わざるを得ない。人材不足は経営力の問題に帰着するため、企業価値を高めるには、社長や特定の社員に依存しない組織を確立し、多くの人が働きたいと思えるような、魅力的な会社となる必要がある。

法則⑧　創業の理由、背景に社会性がある

経営者の背景についてはすでに述べた通りだが、あわせて共に歩んできた役員・社員の「生きざま」「価値観」を理解すれば、長い目で見て成功できる企業かどうかが見えてくる。もし、M&Aで買収を考えている場合、尋ねるべきポイントだが、売り手企業が自己採点する意味でも創業理由が共有できているか、事業の背景に社会性があるかなど、経営者・役員・社員がそれぞれに共有できているか、確認しておきたい。

以上の8つの法則を踏まえた上で、改めて「優秀な社員の存在は企業価値を押し上げる」という点については特に強調したい。

これまでの功績のある古参社員は無碍にすることはなく、臨時賞与の調整などで双方納得した上で、今後について決めていく。一方で、働き盛りの優秀な社員が多くいれば、それだけ新体制の元で活躍できる期待度がアップし、企業価値の向上にも直結するのだ。

おわりに

M&Aによって何ができるのか?

この問いに対する答えは「ビジョンの実現」だと考えている。

会社を売るということと、会社を買うということ。一見すると真逆の行為だが、M&Aをする一番の目的は、1つのグループとなって「共通するビジョンに向かって前に進む」ことだ。

多くのオーナー経営者は、会社は自分の人生そのものだと言う。そして、譲渡する際の最優先の条件は、社員全員の雇用だと口を揃える。数年前に会社を譲渡した、あるオーナー経営者も同じだった。

果たして、M&Aによって会社は生き残り、さらなる成長を遂げて「自分自身が思い描いていたような企業」に進化し、ビジョンを実現している。同時に、社員の雇用は守られ、これまで以上に楽しく意欲的に働いている。会社と社員に対する自分の願いはすべて叶い、多額の譲渡対価も受け取った。でも、社長だった自分はもうそこにはいない。

寂しくもあり、嫉妬もするが、苦楽を共にしてきた社員たちが会社に残っている姿を見るのは、やはり元経営者としての無上の喜びだということの方の想いを強く感じた。
会社をどう次世代につないでいくかは、経営者の至上命題だ。常に経営者人生の最後として事業承継をどうするのかを考えておくことは、経営者としての責務といえる。

現在、中堅・中小企業の経営者の年齢のピーク（中央値）は69歳で、平均年齢でも60歳になっている。今後10年間で多くの経営者が引退していくだろう。M＆Aの手法が日本にも広く認知されたことで、事業承継のために高齢で売却する経営者の割合は減ってきている。早い段階、55歳から60歳で譲渡をし、経営者として5年から10年残り、買い手企業と共に企業を成長させるケースが増えている。譲渡企業のオーナー経営者はそのまま会社に残り、買い手企業の経営手法を取り入れることによって、「より理想的な企業」に進化させてから引退するのだ。
本書の第1章にある、永冨茂社長はまさにそういったケースである。社長だけでなく、息子である永冨将寛専務もまさに今、経営者としての醍醐味を、譲渡する前よりも強くはっきりと感じているところだ。

起業して数年で譲渡するという潮流も一般的になってきた。ＩＰＯではなく、Ｍ＆Ａでのイグジットがひとつの成功の形として認識されてきたのだ。特にＩＴ業界で成功するには、スピードと資本力、サービスを常にブラッシュアップさせる力が必要だ。資本（株式の所有）にこだわらず、大手と組むことでサービスを効率よく世の中に広めるM&Aも増加している。

企業を売却するシーンは多様化してきており、これからも国内においてM&Aは増えていくだろう。日本の人口構造から考えても、業界再編の動きはこれから10年で本格化する。大量生産・大量消費の時代に成功してきた経営スタイルは、人口減の時代においては、他社と協調し、世界で戦う方針に転換を迫られている。今後、国内のM&Aが増えていく中では、M&Aで買収できる会社と、なかなか買えない会社に分かれていくと予想している。会社を買う力があるかどうかによって、大きく経営の結果が変わる時代に入ったといえる。

世界のトップ企業は総じてM&A巧者だ。GAFAMが過去30年で800社のM&Aを実行できたのは、やはり「強烈なビジョン」があるからだろう。「その明確なビジョンを達成するためにM&Aを実行している」のだ。

会社を買いたいという企業はたくさんあっても、譲渡企業に選ばれるのはたった1社のみだ。譲受け企業は譲渡企業に対して明確な「ビジョン」を示さなければ、M&Aを実行することはできない。また、譲渡企業がどのような想いで経営し、どのようなビジョンを持っているのかを読み取る力も、M&Aによって企業を譲受けする企業には必須の力となるだろう。

iPhoneという最強の製品が発売されたのは２００７年6月29日だった。テスラの初代ロードスターの発売は２００８年だ。そこからわずか十数年でどの企業も追いつかないような大きな差がついた。アップルやテスラの成功要因である品質の良さだけでなく、「デザインやストーリーの面白さ、マーケティング戦略」が、世界で戦っていく日本企業のこれからの経営には必須だと考えている。こういった経営の要素を獲得するためのＭ＆Ａを実施する企業が勝者となると予想している。

これまで中堅・中小企業が日本の産業の根幹を支えてきた。そうしたオーナー経営者の夢やビジョンが、Ｍ＆Ａによって引き継がれ、より開花していき、世界の舞台で戦っていく企業が増えていくことを心から望んでいる。

株式会社日本Ｍ＆Ａセンター 取締役　渡部恒郎

各業界の経営環境は常に変化しています。最新情報は以下よりご確認ください。
業種特化Ｍ＆Ａ情報　https://reorganization.nihon-ma.co.jp/

渡邉 智博（食品業界支援室 室長）
1983年宮崎県生まれ。慶應義塾大学経済学部卒業後、リクルートに入社。法人営業や営業マネージャー等を経験し、日本M&Aセンターに転職。2020年には同社で最も多くの食品製造M&Aを成約へと導いた。2021年4月より食品業界支援室室長を務め「日本全国に点在する優れた食文化をM&Aで存続させ、全国に広める」の理念のもと活動している。

藤川 祐喜（製造業界支援室 室長）
1984年生まれ、大阪府出身。大阪府立大学大学院工学研究科修了後、キーエンスにて大手自動車メーカー等の工場の生産ライン改善のコンサルティング営業に10年間従事し、日本M&Aセンターへ入社。入社後は製造業界支援室の立ち上げに参画し、製造業M&Aの専任担当として全国の中堅・中小企業の支援に取り組んでいる。

中崎 裕貴（建設業界支援室 室長）
同志社大学経済学部卒業。バークレイズ証券、マッコーリーキャピタル証券で国内外の機関投資家向け金融商品の投資戦略立案と提案業務に携わった後、日本M&Aセンターに入社。以降、業界再編部にて建設業界のM&A成約に取り組む。

【制作協力】
瀬谷祐介／江藤恭輔／太田隼平／高山義弘／山田紘己／田中菖平／原佑輔／田島聡士／白鳥雄飛／河田航佑／松岡弘仁／室井優太郎／戸塚直道／立松裕規／山本健／高橋空／松原鵬博／青井雅宏／図斉亮介／細田賢太郎／岡山拡貴／澤田凛生／田中智大／宮川智安／石川博一／本田太一／藤森涼／植野瑠衣／香取薫

【執筆協力】
株式会社日本M&Aセンター

山本 夢人（業界再編部 部長 兼 物流業界支援室長）
東京大学工学部卒業。野村證券を経て、土木資材メーカーの副社長として経営に参画後、日本M&Aセンターに入社。経営者としての経験を基に中堅・中小企業オーナーの立場に立ったM&Aを提案。2019年度全社MVP・全社最高売上を記録。

竹葉 聖（IT業界支援室長）
公認会計士試験合格後、有限責任監査法人トーマツを経て、日本M&Aセンターに入社。IT業界専門のM&Aチームの立ち上げメンバーとして5年間で1000社以上のIT企業の経営者と接触し、IT業界のM&A業務に注力している。2018年は京セラコミュニケーションシステムとAIベンチャーのRistのM&A、21年にはSHIFTとVISHのM&A等を手掛ける。

沖田 大紀（調剤薬局業界支援室 室長）
青山学院大学経済学部卒業後、大和証券を経て、日本M&Aセンターに入社。入社以来、調剤薬局業界の担当として地域問わず、中堅・中小企業のM&Aに取り組む。2020年3月期に全社年間最多成約数を記録。

前川 拓哉（クレーン業界支援室長）
群馬県出身。慶應義塾大学法学部政治学科卒業後、新卒にて日本M&Aセンターに入社。最年少でディールマネージャーに昇格。クレーン建設業界のM&Aを積極的にサポートしており、電材HD & Huationg HD（シンガポール）を手掛けるなど、多くの実績を誇る。

【執筆代表者略歴】

渡部恒郎（わたなべ・つねお）

株式会社日本M&Aセンター 取締役
学生時代に起業を経験の上、2008年新卒2期生として日本M&Aセンター入社。2008年から2015年までの8年間で最優秀社員賞を3度受賞。M&Aプレイヤーとして、100件を超えるM&Aを成約に導き、中堅・中小企業M&AのNo.1コンサルタントとしてM&A業界を牽引してきた。業界再編M&Aの第一人者。

M&Aのプロフェッショナルファームとなる業界再編部を立ち上げ、わずか3年後、11名で売上29億円の部署に育て上げ、2019年には同社内で最大の部署となる。管掌している業種特化事業部は、同社内において2020年度に顧客満足度が圧倒的なNo.1となった。

業界上位に入る企業の成長支援・業界構造の変化に対応するM&Aに取り組んでいる。トータルメディカルサービスとメディカルシステムネットワークのTOBは日本の株式市場で最大のプレミアムを記録した（グループ内再編を除く）。

2020年同社最年少で取締役に就任。国内の時価総額1兆円以上企業における最年少の常勤取締役となった（2020年11月30日時点）。早稲田大学商学部 招聘講師。著書の『業界メガ再編で変わる10年後の日本 中堅・中小企業M&Aが再編の主役だ』（東洋経済新報社）はAmazon総合1位のベストセラーとなる。

会社《かいしゃ》を売《う》る力《ちから》

2021年 11月 1日 初版発行

発行 **株式会社クロスメディア・パブリッシング**

発行者 小早川 幸一郎

〒151-0051 東京都渋谷区千駄ヶ谷4-20-3 東栄神宮外苑ビル

https://www.cm-publishing.co.jp

■本の内容に関するお問い合わせ先 …………………… TEL (03)5413-3140 ／ FAX (03)5413-3141

発売 **株式会社インプレス**

〒101-0051 東京都千代田区神田神保町一丁目105番地

■乱丁本・落丁本などのお問い合わせ先 ……………… TEL (03)6837-5016 ／ FAX (03)6837-5023

service@impress.co.jp

（受付時間 10:00～12:00、13:00～17:00 土日・祝日を除く）

※古書店で購入されたものについてはお取り替えできません

■書店／販売店のご注文窓口

株式会社インプレス 受注センター ………………………… TEL (048)449-8040 ／ FAX (048)449-8041

株式会社インプレス 出版営業部………………………………………………………… TEL (03)6837-4635

カバーデザイン 華本達哉（aozora）

本文デザイン・DTP 荒好見

編集協力 西村有樹（オフィスクイック）

印刷・製本 株式会社シナノ

ISBN 978-4-295-40614-3 C2034